우리는 모두 죽는다는 것을 기억하라

우리는 모두 죽는다는 것을 기억하라

You Are What You Think

웨인 다이어 지음 | **정지현** 옮김

ORNADO
토 네 이 도

우리는 모두 죽는다는 것을 기억하라

당신은 웨인 다이어Wayne W. Dyer 박사의 통찰 깊은 글과 사유를 접했던 기억이 있는가? 그는 평생에 걸쳐 세상 곳곳을 순례하며 살아가는 데 필요한 지혜들을 발굴한 인생의 현자賢者다. 따뜻하면서도 명쾌한 그의 책과 강연은 수백만 독자의 삶을 바꿔놓았고, 전 세계 주요 서점에는 어김없이 그의 책장을 펼치는 사람들로 늘 북적인다.

당신이 웨인 다이어의 책을 접했다면 아마도《행복한 이기주의자》일 가능성이 크다.《행복한 이기주의자》는 47개 언어로 번역되었고 1억 부 이상 판매된 논픽션 분야의 전무후무한 베스트셀러이기 때문이다. 하지만 처음에는 그 누구도 이 책이 출간되었는지조차 알지 못했다. 웨인 다이어는 출판사로부터 책을 사들여 차 트렁크에 잔뜩 싣고는 세상을 돌아다녔다. 그 길 위에서 만난 사람들에게 자신의 책을 선물했고, 이를 통해 《행복한 이기주의자》에 담긴 혁신적인 메시지들이 점점 공유되기 시작하면서 마침내 폭발적인 반응들이 나타났다. 그의 책을 어디서 구할 수 있느냐는 독자들의 문의가 폭주했고, 그는 심리학과 영성 분야에서 가장 위대한 작가로 떠올랐다. 사람들은 《행복한 이기주의자》를 통해 '자신의 삶을 사는 법'에 눈을 떴고 타인의 시선에서 벗어날 수 있는 자유를 얻었다.

이 책 《우리는 모두 죽는다는 것을 기억하라》는 웨인 다이어의 마지막 작품이다. 《행복한 이기주의자》 이후 웨인은 삶의 의미와 목적에 관한 더욱 깊은 깨달음을 얻기 위해 노력했다. 《죽음의 수용소에서》를 쓴 빅터 프랭클Viktor Frankl을 비롯한 많은 작가, 영성학자, 철학자, 명상가들과 교류했고 거기서 얻은 소중한 영감들이 이 책의 집필에 토대가 되었다.

비단 명성 있는 인물들뿐 아니다. 웨인 다이어는 태생적으로 사람들과 어울리기를 좋아했다. 평범한 사람들에게 감춰진 비범한 재능과 크리에이티브를 발견해내는 즐거움에 심취했다. 그는 자신의 삶에 영감을 주는 사람들이 있는 곳이면 어디든 찾아다녔고 그들의 이야기가 세상에 널리 공유될 수 있도록 적극 노력했다.

이 책에는 인생의 현자들로 불리는 영성 높은 인물들의 현명한 목소리들이 생생하게 담겨 있다. 그와 동시에 자신의 삶을 극적으로 바꾼 평범한 사람들의 놀라운 이야기들도 담겨 있다. 바로 이것이, 이 책을 당신이 읽어야 하는 이유다.

우리는 언제나 영원히 살 것처럼 일하고, 영원히 살 것처럼 고민하고, 영원히 살 것처럼 불안해하고 두려워한다. 영원히 살 것처럼 생각하고 행동하고 먹고 마신다.

하지만 언제나 죽음은 우리 코앞에 있다. 이 책은 그 사실을 일깨워준다. 그 사실을 일깨워 우리의 삶을 '영원히'에서 '지금 당장'으로 변화시키고자 한다. 우리 시대 가장 위대한 작가로 살다 간 웨인 다이어와 그가 만난 현자들, 삶을 바꿔낸 사람들 모두 이 책에서 한목소리로 말한다.

"삶이 바뀌는 유일한 순간이 있다.
우리는 모두 죽는다는 것을 알아차렸을 때다.
그리하여 마침내
잠들어 있던 내 영혼이 천천히 눈을 뜰 때다."

목차

매일 아침
꼭 해야 할 일

매일 아침 당신이 가장 먼저, 가장 많이 하는 일은 무엇일까?

거울을 보는 것이다. 거울에 자신을 비춰보며 잠에서 아직 못 빠져나온 정신을 깨우고, 생각을 정리하고, 하루를 시작할 말끔한 용모를 다듬는다.

이 모든 준비에 앞서 반드시 해야 할 작지만 지혜로운 의식이 있다. 최고의 하루를 보내는 사람들은 잠에서 깨자마자 거울 앞에서 다음과 같이 또박또박 힘주어 말한다.

나는 기적이다.

왜 이런 의식을 치러야 하는가? 불과 몇 초밖에 걸리지 않는 의식임에도 처음에는 민망하기 짝이 없다. 아무도 없는 욕실에서 "나는 기적이다!"라고 외치는 것이 결코 평범한 일은 아니리라. 하지만 곧 당신은 이 민망함이 점점 단단하고 강력한 '확신'으로 변화하는 과정을 목격하게 된다. 그러니까 다시 말해, 처음엔 '나는 곧 기적'이란 사실에 몹시 당황스러웠지만, 시간이 지나면서 정말 당신이 기적이란 사실을 확실하게 깨닫게 된다.

성공하는 사람들은 대부분 강력한 '주문'을 갖고 있다.

나는 기적이다.
나는 사랑이다.
나는 가치가 있다.
나는 한계가 없다.
나는 내가 믿는 유일한 신이다.

인생은 왜 이리 힘든가?

'불안' 때문이다. 하지만 인간이 끝없는 불안에 시달리는 건 자연스러운 일이다. 그 누구도 앞날이 어떻게 될지 먼저 알 수 없기 때문이다.

이처럼 아무도 모르는 길을 떠날 때 가장 필요한 것이 곧 '나에 대한 확신'이다. 나에 대한 확신을 얻으려면 마음의 주문이 있어야 한다. 마음의 주문을 얻으려면 민망함과 당황스러움, 평범함을 넘어서야 한다. 그렇다고 거창할 것도 없다.

매일 거울 앞에 설 때 절대 피곤에 지친 몸을 비추지 마라. 언제나 빛나는 눈과 자신감 넘치는 얼굴로 거울 앞에 서기 위해 노력하라. 그러면 당신에게 가장 잘 어울리는 표정과 모습이 선명하게 떠오를 것이다. 매일 아침 거울에 비춰봐야 할 것은 당신의 겉모습이 아니다. 당신 내면의 진정한 '자아'다.

그런 다음 또박또박 힘주어 단언하면 된다.

나는 기적이다.

모든 현명한 사람이 그러했듯, 한 달 후 당신은 당신에 대한 가장 강력한 확신을 선물받게 될 것이다.

나는
무엇의 일부인가

젊은 나이에 큰 성공을 거둔 CEO와 대화를 나눌 기회가 있었다. 나는 그에게 모두가 궁금해하는 비결을 물었다.

"너무 평범한 질문입니다만, 당신은 어떻게 성공할 수 있었나요?"

그가 평온한 미소를 지으며 말했다.

"좋은 질문을 찾았기 때문입니다."

"좋은 질문이요? 소개해주실 수 있나요?"

그가 가볍게 와인을 한 모금 마신 후 입을 열었다.

"어려운 일이나 결정에 직면할 때 저는 제게 질문을 던집니다. "나는 문제의 일부인가, 해결책의 일부인가?"

"아… 현명한 질문입니다."

나는 무릎을 치며 감탄하지 않을 수 없었다. 그의 질문은 답을 찾기 위함이 아니었다. 그의 질문은 그에게 정답이 아니라 '용기'를 주었다. 자신도 모르게 문제를 일으키는 쪽에 서는 걸 경계하고, 언제나 해결의 차원으로 나아갈 수 있게 하는 격려였다.

좋은 질문은 답이 아니라 '깨달음'을 준다.

현재 내가 서 있는 곳을 환기시키고, 올바른 곳으로 향하게 힘을 북돋는다. 그래서 우리는 노력의 대부분을 이런 좋은 질문을 찾는 데에 써야 한다.

수많은 선택의 갈림길 위에 설 때 당신은 다음의 질문을 현명하게 적용할 수 있다.

나는 무엇의 일부인가?

답은 없다.
질문이 당신을, 당신의 삶을 바꿔나간다.

죽음을
전위에 놓아라

예외가 없는 건 아니지만, 나이가 들수록 사람은 점점 더 현명해진다. 오랫동안 지식을 쌓아서도 아니고, 젊은 날보다 더 많은 시간적·경제적 여유가 있어서도 아니다. 삶에서 일어난 무수한 사건과 일에 대한 경험이 축적되어서도 아니다.

이유는 하나다.

나이가 들수록 '죽음'에 대해서 자연스럽게 더 많이 생각하고 탐색하기 때문이다. 죽음을 생각하는 사람일수록 자신의 삶을 더 겸손하게 돌보고, 행동을 반성하며, 시간을 소중하게 받아들일 줄 안다. 이것이 곧 현자의 태도가 아닌가.

나는 많은 강연과 인터뷰, 저술 활동을 통해 현명한 사람들을 폭넓게 만나왔다. 세상 곳곳에서 살아가는 현자들의 조언은 매우 단순하다.

"한 살이라도 더 젊을 때 생각하라, 당신의 죽음에 대해."

당신은 아직 인생이 창창한 젊은 사람인가?

그렇다면 당신은 지금부터 죽음을 생각해야 한다. 인생을 수정할 시간이 아직 많이 남았다고, 앞으로도 새롭게 시작할 수 있는 날들이 무수히 남았다고 생각하는 것만큼 어리석은 일이 없다. 삶은 언제나 '눈 깜짝할 사이'에 지나지 않는다. 당신은 쏜살처럼 노인이 되고, 벼락처럼 난데없이 죽음 앞에 도착한다.

늘 죽음을 생각하라.

오늘은 남은 삶의 첫날이 아니다. 오늘은 언제나 생의 마지막 날이다. 오늘이 마지막 날이 아니라면, 우리는 '지금 이 순간'을 살 방법이 없다.

수정해야 할 것, 개선해야 할 것, 변화를 모색해야 할 것, 해야 할 것 등등이 산더미인가?

오늘 하라.

지구상의 모든 존재는 내일, 죽는다.

눈에 띄게 하라

지금껏 살면서 나는 많은 아티스트들과 크리에이터들을 만났다. 그들은 내게 늘 좋은 영감을 주곤 했는데, 이를 통해 나는 '창조적'인 삶에 눈을 뜰 수 있었다.

창조적,이란 단어의 뜻은 이렇다. 사기 존재의 목적을 믿고 단호한 의지로 매일의 생각과 행동에 임한다는 것. 창조적이 된다는 것은 어떤 '의도'에 구체적인 '형태'를 부여한다는 의미다.

의도에 형태를 부여하는 가장 좋은 출발점은 그것을 '글'로 옮기는 것이다. 나는 하와이에 있는 내 작업실 책상 위에 다음과 같은 글을 붙여두었다.

- ✦ 내 의도는 내 믿음이 내 모든 행동을 이끄는 것이다.
- ✦ 내 의도는 사랑이다. 내 글과 내 글을 읽는 사람들에게 사랑을 내뿜는 것이다.
- ✦ 내 의도는 나의 진실한 자아를 내 삶의 주인으로 내세우는 것이다.

나는 글을 쓸 때마다 이렇게 글로 옮겨진 내 의도를 바라본다. 그러면 내 글이 가야 할 방향을 자연스럽게 알게 된다.

독창적인 글에는 한 가지 공통점이 있다. 사람들이 지금껏 가보지 못한 방향으로 작가가 안내한다는 것이다. 그 길은 다름 아닌 오직 작가만이 아는 길이다.

결국 창조적인 삶이란, '자신의 길'을 가는 것이다.

비단 글을 쓸 때뿐이 아니다. 창조적 삶을 위한 자신의 길을 찾는 데, 의도를 글로 옮겨놓은 것들은 매우 유용하다. 내가 아는 탁월한 예술가는 이렇게 말한 바 있다.

"사람은 늘 변화를 바라지만 정작 무엇을 바꿔야 하는지에 대해서는 캄캄하다. 눈에 보이지 않는 생각, 의지, 뜻, 소명 등을 눈에 보이는 뭔가로 바꿔놓으면, 캄캄한 밤에 등불을 손에 쥐게 될 것이다."

창조적인 삶은 머릿속에 있지 않다.

창조적인 삶은 언제나 '꺼내지는 것'이다.

영감을 얻고 싶은가?

무엇이든 당신의 눈앞에 선명하게 존재하게 만들어라.

시간과 공간이
되어주어라

아름다운 잠언집《예언자》에서 칼릴 지브란은 이렇게 말했다. "당신의 아이는 당신의 아이가 아니다. 그들은 그 자체를 갈 망하는 생명의 아들딸이다. 그들은 당신을 통해 태어났지만, 당신으로부터 온 것은 아니다. 당신과 함께 있지만, 당신의 소유물이 아니다."

살아가면서 우리가 경험하는 고통과 스트레스, 번민의 매우 큰 지분을 갖고 있는 대상이 있다. '자녀'다. 아이들은 우리에게 전혀 알지 못했던 기쁨의 세계를 주는 동시에 그만큼의 괴로움과 불안을 안겨준다. 아이들이 태어난 순간, 우리는 눈을 감을 때까지 그들에 대한 걱정을 멈출 수 없다.

그렇다. 우리는 이른바 '자식 걱정'으로 많은 밤을 뒤척인다. 어떻게 하면 이 걱정에서 벗어날 수 있을까?

내가 만난 현명한 사람들은 이런 얘기를 들려준다.

"아이에 대한 부모의 '관심'은 멈추기가 불가능해요. 하지만 아이에 대한 부모의 '죄책감'은 멈출 수 있어요. 우리는 자녀에 대한 걱정으로 밤잠을 설치는 게 아니에요. 자녀에게 부모로서 뭔가 해주지 못하면 어떡하나, 하는 자기 책망 때문이죠. 우리가 좋은 부모인지는 간단한 생각으로 알 수 있어요. 아이들에게 늘 '미안하다'고 말하나요? 좋은 부모는 미안하다는 사과 대신 '사랑한다'는 인사를 건네죠."

자식과 부모의 관계는 영원하지 않다는 것을 깨달아야 한다. 자식과 부모의 관계는 그저 짧은 '순간'일 뿐이다. 부모는 모두 잠시 위탁을 받은 사람들이다. 어린아이들이 성장해 떠날 때까지 잠시 맡아두는 역할일 뿐이다.

아이들의 앞날을 끌어주기 위해 노심초사하지 마라. 그건 당신이 할 수 있는 일이 아니다. 당신이 할 수 있는 일은, 아이들이 언제든 한 시절, 세 들어 살 수 있는 넉넉한 품을 갖는 노력이다.

죄책감과 걱정으로부터 자유로워지고 싶은가?

간단하다.

아이들이 편히 쉴 수 있는 시간과 공간이 되어주어라.

충분히, 풍요하게, 무한하게

신은 인간에게 어떤 상징일까?

'풍요함'이다. 신은 무한한 시간과 공간을 만들었다. 그런 그가 이런 생각을 한다고 해보자.

'오늘은 너무 피곤해서 산소를 만들지 못하겠군.'
'이 정도면 우주는 충분히 넓잖아? 더 이상 넓어지면 골치 아프니 벽을 세워야겠다.'

이는 물론 생각할 수도 없는 일이다!
평화로운 삶이란 무엇일까? 신의 섭리대로 사는 것이다. 그렇다면 신의 뜻대로 산다는 것은 무엇일까? 풍요함을 상징하는 신이 생각할 수도 없는 일을 하지 않는 것이다.

피곤해서, 이쯤이면 충분하니까, 뭔가에 안주하기 위해 한계를 설정하는 삶을 사는 동안엔 우리는 결코 신을 떠올릴 수 없다.
미루지 마라. 쌓아놓지 마라. 해놓은 것에 기대지 마라. 해야 할 일을 외면하지 마라.
어떻게든 지금 할 방법을 구하라.

지금 이 순간 무엇이든 충분히, 풍요하게, 무한하게 하라.

근원에 가까워지는
삶

삶이 궁극적으로 닿아야 할 경지가 있다면 '초연함'이다. 초연함이란 현실에서 벗어나 그 어떤 것에도 아랑곳하지 않는 것이다. 그 누구에도, 그 무엇에도 집착해야 할 필요성이 없는 상태다. 그것은 삶에 자유를 선물한다.

자유는 인생에서 왜 중요할까?

자유는 마침내 어딘가에 '다다른 상태'라고 정의할 수 있다. 다다름이 없으면 인생은 계속해서 '분투奮鬪'일 뿐이다. 분투에서 다다름으로 이동하는 유일한 수단이 곧 초연함이다. 초연한 자만이 자유를 얻고, 새로운 싸움을 위한 힘을 비축한다.

그렇다면 자유, 즉 '다다른 상태'란 무엇인가?

침묵과 명상이다.

체계적인 명상 수련이 아니어도 괜찮다. 그저 침묵을 음미하는 시간을 가져라. 집과 자동차의 소음을 꺼라. 인간이 만든 소리가 없는 자연에서 시간을 보내라. 내면의 여정을 성스러운 장소처럼 대하고 몸과 마음의 휴식을 통해 '내려놓는' 순간을 보내라. 걱정과 계획, 생각, 회상, 의아함, 희망, 욕망, 기억을 내려놓아라. 알아차리는 신체적 감각을 의식적으로 내려놓는다. 한 번에 한 순간씩. 소유와 가족, 집, 일, 육체의 존재를 멈추게 할 수 있는 상태로 들어가라. 내면의 행복인 '무無'를 경험하라.

영원히 침묵과 명상의 순간에 머무르는 것은 불가능하다.

고요에서 나와 다시 고요로 들어가는 삶을 사는 것, 그것이 우리에게 주어진 미션이다. 이런 삶을 사는 사람은 존재적 근원에 늘 가까워진다.

집착으로부터의
자유

집착, 강박의 괴로움은 언제나 더 아름답고 더 좋고 더 나은 것들을 향한 욕망 때문이다. 하지만 생각해보자. 아름다움이란 무엇인가?

아름다움은 '추함'이 없으면 독립적으로 존재할 수 없다. 아름다움은 오롯이 추하다고 여겨지는 것에 그 가치가 달려 있다. 키가 크다는 것은 키가 작다는 믿음 체계가 존재하지 않으면 존재할 수 없다. 삶 또한 죽음 없이는 존재하지 못한다. 낮은 밤의 자궁에서 태어나고, 밤 또한 낮의 자궁에서 탄생한다.

집착의 괴로움에서 벗어나는 지혜로운 길이 있다.

이처럼 의존적이고 상대적인 기준을 해체하는 것이다. 판단하지 않는 것이다. 들판에 피어난 꽃들을 보라. 수선화가 들국화를 자신보다 더 예쁘다고 생각하는가? 소나무가 참나무를 자신보다 더 푸르고 싱싱하다고 질투하는가?

당신이 존재하는 건 당신보다 더 낫거나 더 못한 사람들이 있기 때문이 아니다. 당신은 당신의 존재 그 자체로 하나의 완전한 우주다.

이 사실을 늘 명심하라.

무엇도 판단하지 마라.

비교하지 않고 판단하지 않는 것, 이것이 바로 영원한 '도道'와 조화를 이루는 유일한 길이다.

당신은 그 어떤 것의 판단 기준이 아니다. 그런 기준 따위로는 설명될 수 없는 존재다. 당신보다 더 나은 존재, 더 못한 존재는 영원히 존재하지 않는다.

판단은 적게,
경청은 많이

인생의 현자들은 말한다. 모든 것을 알 필요는 없다고.

너무 많이 알려고 하지 마라. 세상이 자연스럽게 펼쳐지도록 내버려두어라.

인간관계가 고민인가? 그렇다면 그냥 물 흐르듯 놔둬 보라. 너무 복잡해 엉망인 것처럼 보이는 관계들이 당신이 시간을 두고 '놔둬 볼 수 있다'면 아마도 어떤 질서를 통해 차츰차츰 풀려 나감을 목격하게 될 것이다.

살면서 우리가 많은 갈등을 겪는 이유는 모든 것이 하나의 질서를 통해 다시 정렬될 수 있는 시간을 배려하지 않기 때문이다.

인도에서 만난 한 현자는 내게 이렇게 말했다.

"우리는 뭔가를 하지 못해 늘 아등바등 괴롭죠. 아무것도 하지 않아도 되는데 말이죠. 하늘 높이 던진 공을 다시 찾을 수 있는 방법은, 그 공이 당신의 손바닥 위로 내려올 때까지 기다리는 것입니다."

하늘 높이 던진 공을 찾으려고 비행기를 타고 구름 위를 날고 있는 삶을 살고 있지는 않은가?

무엇인가를 이루어지게 하려 너무 애쓰지 말고, 그저 허락하라. 배우자나 자녀, 부모, 상사 등 누군가를 항상 이해하려고 애쓰지 마라. 특히 어떤 기대가 무너졌을 때는 있는 그대로를 허락하는 연습이 필요하다.

긴장을 풀고 내려놓고 허락하고 알아차려라.

생각해보라. 당신이 그토록 애써서 이룬 일이 실제로 얼마나 되는지를. 당신이 얻은 성취는 아마도 대부분 당신이 예상치 못한 순간에 예상치 못한 힘과 에너지, 도움, 행운 등으로 이루어지지 않았던가? 가만히 내려놓고 천천히, 깊이 생각해보라. 분명 그럴 것이다.

있는 그대로가 아닌, 당신이 꼭 그래야 한다고 생각하는 쪽만을 바라보며 사는 동안 그 욕망에서 한 발자국도 못 벗어날 것이다.

우리는 어떤 사람이 되어야 하는가?

실행력 뛰어난 행동가보다는 통찰력 있는 관찰자가 되면 삶은 더욱 현명해진다.

적게 판단하고 많이 경청하라.

생각지도 못한 흥미진진한 미스터리와 불확실함에 마음을 활짝 연 관객이 되어라.

우아한 것들의
함정

(

괴롭힘을 당하고 있는가?

누군가 당신에 대해 수군대는데도 모르는 척하고 있는가? 타인의 부탁을 차마 거절하지 못해 난감해하고 있는가? 동료보다 몇 배는 더 일하는데 급여와 승진은 그들만 못해서 억울해하고 있는가?

이는 완전히 당신 탓이다. 당신이 타인에게 당신을 그렇게 대하라고 알려주었기 때문이다. 괴롭힘을 당해도 가만히 있고, 비난을 견디고, 궂은일을 도맡아 하면서도 그에 합당한 보상을 받지 못함을 참고 있기 때문이다.

세계 곳곳을 여행하다가 만난 어떤 현명한 이가 이렇게 말했다.

"인간관계, 사회생활에 실패하는 큰 이유들 중 하나는 우리가 너무 우아하고 세련된 방법을 고집한다는 겁니다. 뭔가를 거절할 때, 상대에게 상처를 주지 않을 수 있는 방법을 찾는 데 온 힘을 쏟죠. 상대에게 항의할 때도 더 부드럽고 점잖은 방법과 매너를 찾는 데 골몰합니다. 하지만 이건 불가능해요. 살다 보면 반드시 상대에게 상처를 줄 때가 있죠. 그때는 우아하고 세련된 매너가 필요한 게 아니라, '당신에게 나는 지금 상처를 줄 수밖에 없어요'라는 뜻을 분명하게 전달하는 태도가 필요합니다. 그래야 상대는 나에게 두 번 상처받지 않기 위해 태도와 전략을 바꾸니까요. 우아한 것이 아니라 단호하고 분명한 것이 인간관계에 더 유용합니다."

뭔가를 거절하고, 항의하고, 다른 것을 제시하는 일은 상대에게 늘 상처를 주는 일이다. 우아하고 점잖게 상처를 주고 싶은가? 그러면 상대가 당신의 그 같은 배려를 알아차리고 고마워할까?

성공적인 사업을 일구고 은퇴한 한 CEO가 내게 다음과 같은 이야기를 들려주었다.

"자기 분야에서 정상에 오른 사람들의 특징은 이렇더군요. '타인이라는 지옥'에서 살아남은 사람들이에요. 성공하는 데 필요한 인맥을 얻은 사람들이 아니라, 성공에 꼭 필요한 자기 자신을 지킨 사람들이죠."

당신에게 우아함을 갖추라고 요구할 자격을 갖춘 사람은 이 세상에 존재하지 않는다.

용서는
나를 위한 것이다

나 자신을 아끼고 사랑하는 가장 좋은 방법은 '용서'다. 용서
의 결과는 타인이 아니라 늘 나를 향한다. 용서하지 않는 한 내
몸과 마음은 분노와 상처에 꼼짝없이 갇혀 있게 된다.

우리는 받은 상처 때문에 그토록 수많은 시간을 괴로워하는
것이 아니다. 상처를 준 사람을 용서하지 못한 몸부림으로 숱한
밤을 뒤척이고 있을 뿐이다.

용서하지 않으면 그 상처가 계속 영향력을 발휘하도록 방치
하는 것과 같다. 모든 병이 그렇듯 방치하면 증상은 더 악화된
다. 마침내 어느 날 문득 상처를 준 사람이 아니라 상처 그 자체

로부터 상처를 받고 있는 기막힌 상황에 처한 자신을 발견하기에 이른다.

용서는 권장되면 좋은, 미덕이 아니다. 인생의 필수과목이다.

자신을 존중하고 가꾸고 사랑하는 법을 찾고 있는가?

용서하라.

두려움을
특별 대우하지 마라

청년시절, 나는 내 운명을 밝혀주는 등대와도 같은 두 가지 생각을 내 것으로 만드는 데 성공했다.

첫 번째 등대는 '자신감'과 '판단하지 않는 태도'다. 자신감을 유지하면서 섣불리 판단하거나 재단하지 않는 태도를 가지면 언제나 나와 타인 모두에게 이롭다.

두 번째 등대는 기적과 마법으로 가득한 비밀 정원이 우리 삶에 존재한다는 것이다. 그보다 더 매력적인 것은 그곳을 방문하기로 선택하면 누구나 갈 수 있다는 것이다.

우리가 평생 노력해야 할 일은 먼저 '판단 없이' 알아차리기 시작하는 것이다. 비판하지 않고, 주의를 기울이고, 호기심에 가득 찬 눈빛과 부드러운 태도로 집중하는 것이다. 집중해야 할 대상이 사물이든 사람이든, 눈에 보이든 보이지 않든 간에 말이다. 이런 사람을 가리켜 우리는 이렇게 말한다. "당신은 겸손하면서도 자신감에 넘치는군요!"

고통을 두려워하는 이유는 고통이 주는 '통증'에 우리가 재빨리 매달리기 때문이다. 고통을 통증이 아니라 자신감과 판단하지 않는 태도로 바라보라. 이것이 곧 더 높은 자아로 가는 지혜로운 계단이다. 더 높은 자아로 향할 때 두려움은 비로소 그 빛을 잃어가기 시작한다.

인류에 존재하는 현자들을 살펴보라. 그들의 가장 큰 공통점은 '두려움'이 없다는 것이다. 아니 더 정확하게 말하면, 두려움을 두려워하지 않는다는 것이다. 두려움을 평범한 것으로 만들어버린 사람들인 것이다.

당신이 5분 후 만나야 하는 사람이 어떤 성격의 소유자일지, 당신에게 득이 될지 해가 될지, 출중한 외모와 재력을 갖고 있는지 등을 습관적으로 헤아리지 마라.

한 사람의 진가는 언제나 무수한 판단에 가려져 있다.

현명한 사람들은 상대를 규정하려 하지 않는다.

상대가 자신의 진가를 드러낼 수 있도록 돕는다.

이 따뜻한 도움을 통해 현명한 사람들은 비밀 정원의 문을 여는 열쇠를 얻는다.

아름다운 출몰을
기억하라

우리가 영원히 소유할 수 있는 것이 있을까?

없다.

유년시절이 없어지고, 성장시절이 없어지고, 청년시절이 없어지고, 황혼녘이 없어지듯… 모든 건 때가 되면 사라진다.

제아무리 발버둥치며 애를 써도 우리는 이 '출몰出沒'의 질서와 세계에서 벗어날 수 없다. 기껏해봤자, 우리는 아주 짧은 시간 동안 장난감을 손에 쥘 수 있을 뿐이다.

애쓰지 않는 감각을 길러라

노력과 실행 사이의 연속선상에 '놓여있음'이 몸 안에서 느껴지는 순간에 집중하라.

피아노를 치고 차를 운전하고 자전거를 타려고 애쓰는 것은 실제로 피아노를 치고 차를 운전하고 자전거를 타는 것과 똑같으면서도 다르다.

무언가를 실제로 하기 위해 배우고 애쓰고 노력하고, 마침내 그 모든 걸 습득한 후에는 드디어 실행이 허용되는 황홀한 순간이 찾아온다. 이때 애씀과 허용의 차이를 몸으로 진정 느껴보면 그다음에는 허용할 때의 애쓰지 않는 감각을 알아차리게 된다.

왜 이것이 중요한가?

우리는 노력으로 얻은 성취보다 노력 그 자체를 너무나 중시하기 때문이다. 우리는 늘 연습벌레라는 말을 최고의 칭찬이자 미덕으로 간주하곤 한다. 성취한 것을 실제 만지고 느끼고 생각할 때도 머릿속에선 뭔가를 향한 끝없는 노력의 한 장면이 상영되고 있다.

우리에게 필요한 것은 노력이 아니라 애쓰지 않는 감각이다. 노력의 강박에서 벗어나 단 한 순간이라도 온전한 감각으로 인생을 바라보라. 이것이 우리가 기울여야 할 유일한 노력이다. 우리는 너무 오랫동안 우리의 감각을 혹사해왔다. 너무 오랫동안 우리의 감각을 총동원해 살아왔다.

노력에서 벗어나는 노력이 눈에 보이지 않는 미스터리와 세상의 눈에 보이는 1만 가지 현상에 대한 '자각自覺'을 키워줄 것이다.

오렌지의
교훈

오렌지를 짜면 오렌지즙이 나온다. 다른 것이 나올 리 만무하다.

이 원칙은 당신에게도 그대로 적용된다.

누군가 당신을 짜면(압박을 가하면), 당신 안에 있는 것이 고스란히 나온다. 당신 안에 무엇이 있는지를 냉철하게 파악할 수 있는 기회다. 그러니 그 기회를 당신 삶의 좋은 행운과 기운으로 받아들여라.

우리는 언제 변화가 필요하다는 것을 절실하게 깨닫는가?

우리 안에 존재하는 것들이 마음에 들지 않는다는 것을 눈으로 똑똑하게 확인할 때다.

누군가 당신을 숨도 못 쉴 정도로 압박하는가?

무엇인가가 당신을 쥐어짜고 있는가?

모든 것을 분출하고는 바닥으로 가라앉고 있는가?

감사하라.

이는 당신이 진정한 변화를 얻을 수 있는 절호의 기회다.

내가 관여할 수 있는
일인가

인생을 걱정하지 마라, 절대로!

삶은 두 가지 중 하나다.

당신이 통제할 수 있는 일이거나, 그렇지 않은 일이거나.

통제할 수 있으면 통제권을 쥐어라. 그렇지 않으면 내버려두어라.

고민이 생기면 가장 먼저 물어라.

'내가 개입할 수 있는 일인가?'

'개입해서 변화나 개선을 끌어낼 수 있는 일인가?'

그렇지 않다면 외면하라.

우리에게 필요한 삶의 기술은 관심을 쏟는 법이 아니라,

제대로 외면하는 법이다.

몸은
영혼의 차고

눈 덮인 히말라야 산길을 걷다 보면 알게 된다.
몸은 영혼을 잠시 놓아두는 차고일 뿐이라는 것을.
삶은 목적지가 아니라 대피소라는 것을.

차고와 대피소에서 우리가 할 일은
잠시 쉬면서 지긋이 바라보는 것이다.
그 안에서 어떤 풍경이 마침내 회복되면서
몰랐던 길들이 떠오르는 걸 지켜보는 것이다.

보이는 게
많은 사람

지금 잘살고 있는지를 확인하는 간단하지만 지혜로운 방법이 있다.

다음의 질문을 던지는 것이다.

나는 지금 나를 잘 표현하고 있는가?

'나는 아직 나를 다 보여주지 못했어'라는 말을 달고 살지 마라. 이 말은 위로도 격려도 용기도 주지 못하는 변명일 뿐이다.

매일 자신을 완전하게 보여주어라.

내가 만난 한 CEO는 이렇게 말했다.

"보여줄 것이 많은 사람보다 보이는 게 많은 사람이 눈에 더 잘 띄고, 그래서 더 성공합니다."

세상에
실수란 없다

인도에 사는 한 현자가 이런 이야기를 들려준 적 있다.

"자신을 학대하지 마세요. 실수로 태어난 사람은 없습니다. 이 세상에서 가장 완벽한 것은 무엇일까요? '우주'입니다. 사람은 모두 완벽한 우주의 일부분이죠. 조화와 협동, 사랑으로 움직이는 이 완벽한 우주가 실수로 태어났을까요? 절대 아닙니다. 따라서 당신 또한 실수가 아닙니다. 오직 완벽함의 일부입니다."

우리가 우리 자신을 왜 사랑해야 하는지를 잘 보여주는 이야기다. 이처럼 아름답고 완벽하고 중요한 존재인 자신을 학대한다면, 세상은 당신을 아름다운 것을 학대하는 사람으로 치부하고 그에 걸맞은 대접을 할 것이다.

마음이 시끄럽고 복잡할 때는 그 마음 모두 지운 다음, 다음의 간결한 질문을 떠올려보라.

나는 지금 어디에 소속되어야 하는가?

나는 지금 무엇의 일부로 살아가는가?

나와 함께 사는 법을
알라

우리는 언제 외로움을 느끼는가?

혼자 있을 때? 아니다.

같이 있는 사람이 싫을 때 외로움을 느낀다.

좀 더 깊이 생각해보면, 우리는 혼자 있는 경우가 없다. 언제나 적어도 자기 자신과는 같이 있기 때문이다. 같이 있는 자신이 마음에 들면 혼자 있어도 결코 외로움이 문제가 되지 않는다. 따라서 외로움을 느낀다는 건, 자신을 받아들이기 힘들다는 신호다. 그 허전함을 채우기 위해 끊임없이 다른 대상이나 사람을 찾아다녀도, 외로움은 해결되지 않는다.

자기 자신과 대화하는 법을 배워야 한다. 말을 건네고 안부를 묻고 따뜻하게 돌봐주는 관계를 자기 자신과 맺을 줄 알아야 한다.

자신과 함께 사는 법을 배우고, 자신을 행복하게 만들 줄 아는 사람만이 타인과 좋은 삶을 공유할 수 있다는 것을 잊지 말라.

넓혀간다는 것

순응하는 것은 긍정적으로 확장되고
거스르는 것은 파괴적으로 확장된다.

긍정적이든, 파괴적이든 확장은 필요하다.
확장이 있어야 길이 계속 이어지고 생겨나기 때문이다.

우리가 반드시 피해야 할 치명적인 실패는
순응도, 거스름도 없는 삶을 사는 것이다.

확실한 것

당신에게 주어지는 것은 오늘뿐이다.

다음 주는 알 수 없다.

하지만 오늘은 확실하다.

로프트를
사랑하라

한계 없는 삶이란 무엇인가?
한계를 뚫고 나가면 무엇이 존재하는가?

우리는 귀에 못이 박히도록 '한계를 뛰어넘으라'는 조언을 들어왔다. 하지만 왜 그래야 하는지에 대해선 아무런 이야기도 듣지 못했다. '나 자신을 이겨야 한다'는 메시지는 너무나 잘 알지만, 왜 나를 이겨야 하는지에 대해선 별로 생각해본 적 없다.

전 세계를 순례하며 마침내 자신의 삶에 대한 많은 지혜를 얻은 사람이 있다. 그는 내게 이렇게 말했다.

"진정한 여행자는 꼭대기를 오르는 사람입니다. 로프트loft를 사랑하는 사람입니다. 볼 수 있는 모든 것을 보고 나면, 화가나 음악가처럼 영감에 찬 일을 하고 싶다는 생각이 자연스럽게 생겨납니다. 창의적인 삶을 살고 싶으면 사다리의 맨 위로 올라가야 합니다. 한계를 뛰어넘는다는 것은 바로 이런 의미입니다. 창의적인 사람이 타인이 보지 못한 것을 보는 게 아닙니다. 타인이 보지 못한 것을 보고 나면 누구든 창의적인 예술가가 될 수 있는 겁니다. 이 미묘한 차이를 알면 인생이 달라집니다."

한계 너머에 무엇이 있는지는 아무도 알 수 없다.

그러니 언제나 끝까지 가야 한다.

언제나 높은 곳을 오르고 있는 자신의 모습을 발견할 때, 당신은 비로소 한계를 넘어가고 있는 중이다.

사람을
헤아리지 마라

눈에 보이는 것에만 집중하면 늘 중요한 것을 놓치게 된다.

눈부시게 빛나는 강 물결에 넋을 놓으면, 그 물결을 만들어내는 '흐름'을 놓친다. 한 사람의 단점을 찾아내는 데 급급하면, 그 사람이 가진 '진가'를 놓치고 만다.

언제나 건강하고 단단한 인간관계를 구축해온 한 CEO는 내게 이렇게 말했다.

"비즈니스 세계에는 '성공하려면 내게 도움이 되는 사람을 얻어라'라는 메시지가 강력한 힘을 발휘합니다. 이는 피해야 할 이분법적 사고입니다. 내게 도움이 될 사람과 도움이 되지 않을 사람을 구분한 다음, 선별적으로 관계를 맺는 게 무슨 의미가 있을까요? 한 사람이 내게 도움이 될지의 여부를 어떤 기준으로 판단할 수 있다는 걸까요? 제가 이제 막 비즈니스를 시작한 사람들에게 조언을 줄 게 있다면 이것뿐입니다.

보이는 게 다가 아니에요. 절대 아닙니다. 그 사람이 어떤 사람이든 간에, 분명히 내게 도움이 될 뭔가를 갖고 있다고 생각하는 것이 처음부터 내 편, 네 편으로 나누는 것보다 백 배는 더 유익합니다."

보이는 게 다가 아니라는 믿음을 잘 간직하면 믿었던 사람에게 배신을 당하는 일을 겪지 않는다. 사람을 분류하고 선별하지 말고 그 사람의 진정성을 찾아내는 데 힘을 쏟아라.

보이는 게 다가 아니다.

내게 명상을 가르쳐준 요가 선생님은 이렇게 말했다.

"눈에 보이는 것만 믿으면서 전기세는 왜 내고 있습니까?"

진정한
시험

어떤 사람을 사랑하기란 쉽다. 하지만 사랑하기 힘든 사람을 사랑하는 것이야말로 진정한 시험이다. 이 난해하지만 아름답기 짝이 없는 시험을 통과하라. 실로 많은 것을 얻게 될 것이다.

적들에게 사랑을 보내라.

공평하다는 것에
관하여

세상은 공평하지 않다는 것을 담담하게 받아들여라.

만일 세상이 공평하게 설계된 질서라면, 이 땅의 모든 생명체는 단 하루도 살아남지 못할 것이다. 새들이 벌레를 잡아먹지 못하는 등 모두의 이익이 실현되어야 할 테니까.

우리가 할 수 있는 일은 간단하다.

공평하지 않다는 불평을 멈추고, 약한 자를 돕고 강한 자에 맞서라.

공평하지 않은 세상을 공평하게 만들려는 노력, 이것이 우리에게 주어진 유일한 미션이다.

읽고 쓰고
산책하라

오랜 세월, 나는 죽을 고비를 경험한 사람들을 만나왔다. 과연 이겨낼 수 있을까 싶을 정도의 큰 사고를 당한 사람들도 숱하게 목격해왔다.

그들은 모두 이렇게 말한다.

"그때 인생에서 가장 중요한 깨달음을 얻었어요. 무조건 지금 이 순간을 창의적이고 흥미진진하게 살아가야 한다는 것을요. 인생은 오직 오늘 하루뿐이라는 것을 말입니다."

하지만 나는 당신에게 이렇게 말하고 싶다.

'지금 이 순간을 살아야 한다'는 자연스럽고 단순한 깨달음을 얻기 위해 꼭 죽음의 문턱까지 가지 않아도 된다는 것을.

지금 이 순간을 산다는 것은 어떤 삶일까?

죽음의 문턱까지 갔다가 돌아온 사람들은 이렇게 말한다.

"책을 읽고 글을 쓰고 산책을 하는 삶을 살아보세요. 하루에 이 세 가지 중 하나만 실천해도 당신은 정말 몰라보게 달라질 겁니다. 지금껏 귀 기울이지 못한 아름다운 소리들이 당신의 내면에 도착해 있음을 발견하게 될 겁니다."

노력은
두 번째다

성공하고 싶으면 성공한 사람처럼 살아서는 안 된다. 성공한 사람이 되어야 한다. 지혜를 얻고 싶다면 현자처럼 살아서는 안 된다. 현자가 되어야 한다. 성공한 사람, 현자가 되어 그들의 무리에 어깨를 나란히 해야 한다.

우리는 자꾸만 먼저 누군가에게 배워야 한다고 생각한다. 누군가의 성공적인 삶과 방식을 연습과 노력을 통해 우리의 것으로 만들면 꿈이 이루어지는가? 꿈이 이루어지기보다는 누군가의 아류로 전락할 확률이 더 높다.

배움과 연습은 두 번째다.

성공한 삶, 현명한 삶을 지금 살아야 한다. 그렇게 살면서 고치고 확장하고 발전하는 데 필요한 것이 바로 배움과 연습이다.

목표와 꿈을 당신의 머리 위에 놓지 마라.
목표와 꿈 밑으로도 들어가지 마라.

지금 이 순간, 이미 목표와 꿈을 이룬 사람으로서 그다음 단계가 무엇인지를 생각하는 삶을 살아라.

당신이 원하는 대로 마음껏 하라.
단, 타인이 원하는 바를 침해하지 않는 선에서.
이것이 인생에서 경계해야 할 것의 전부다.

마지막으로
입는 옷

누구도 부럽지 않은 부를 일구고, 누구보다 화려한 젊은 시절을 보낸 후 숲속 소박한 오두막에서 황혼을 바라보며 살고 있는 한 은퇴자가 내게 이렇게 말했다.

"내 옷장에는 주머니를 잘라낸 양복이 걸려 있습니다. 이 양복을 입고 장례식에 갈 때마다 나는 잊지 않습니다. 죽을 때 내가 빈손으로 간다는 사실을."

우리가 마지막에 입는 옷에는 주머니가 필요 없으리라.

비단 마지막 옷뿐이겠는가.

살아가면서 주머니에 아무것도 담지 말아보라.

그토록 원하던 조용하고 간명한 시간들이 당신 삶에 담길 것이다.

먹이를

주지 마라

우울, 불안, 걱정, 두려움… 이런 부정적 감정들의 근원은 어디일까? 모든 우울한 감정은 무력이다. 무력에서 나온다.

언젠가 숲과 들판으로 이루어진 순례길을 걷다가 동행한 친구에게 습관적으로, 무심하게 말한 적 있다.

"요즘 정말 우울해. 뭘 해야 할지 통 모르겠어. 아무것도 손에 안 잡히는군."

친구가 답했다.

"무엇이든, 무엇이든 해. 자전거가 보이면 자전거를 타고 공이 보이면 하늘로 높이 던지고. 병원이 보이면 병원에 들어가 아푼 사람들과 대화를 나누고. 무엇이든 손에 잡히도록 해봐."

"그게 좋은 처방일까?"

친구가 활짝 웃으며 말했다.

"우울함이 가장 두려워하는 적은 '활동'이야. 활동적인 사람은 우울할 시간이 없지. 우울에게 시간을 내주지 마. 먹이도 주지 말고. 그게 유일한 답이야."

그후 나는 사람들에게 늘 이렇게 조언한다.

"우울이 마음껏 자랄 수 있는 시간과 먹이를 절대 주지 마라."

삶의 프레임을 바꾸는
지혜

반대하지 말고 지지하라.

전쟁에 반대하지 말고 평화를 지지하라.

빈곤에 반대하지 말고 번영을 지지하라.

폭력을 반대하지 말고 인권을 지지하라.

결혼을 반대하지 말고 혼자 사는 삶을 지지하라.

약물을 반대하지 말고 젊음의 순수를 지지하라.

실패를 반대하지 말고 성공을 지지하라.

반대보다 지지가 더 넓고 더 많은 길을 일러준다.

기대를
활용하라

기대는 삶의 큰 부분을 결정한다.

기대감을 갖는 것보다 기대감을 버리는 전략을 취하면 당신의 삶은 한결 좋아진다. 불안이나 우울이 찾아오려고 할 때 당신은 이 전략을 적절하게 활용할 수 있다.

아니, 너(불안, 우울)를 부른 건 전적으로 실수야. 난 너에게 어떤 관심도 없어. 난 네가 오는 걸 절대 원하지 않아. 나는 단지 비타민C를 섭취하고 휴식을 취할 거야.

난 너에게 아무런 불평도 하지 않을 거야. 투덜거리지도 않을 거야. 그러니 내게도 아무런 기대를 하지 않는 게 좋을 거야.

나는 계속 움직일 것이고, 나 자신이 내가 하는 그 무엇에도 방해가 되지 않게 할 거야.

나는 너에게 초점을 맞추지도 집중하지도 않을 거야.

이게 무슨 효과가 있겠냐고?

너무 유치하지 않냐고?

내가 평생 만나온 수많은 현명한 사람들은 대부분 이 주문을 입에 달고 산다.

중요한 것은 다음의 한 문장이다.

적들에게 어떤 기대감도 제공하지 마라!

탓하기

탓하기는 유용하다.

삶에서 일어나는 무언가에 책임을 지고 싶지 않을 때마다 간편하게 사용할 수 있는 작은 장치다. 탓하기는 위험을 피하게 해 준다. 탓하기는 유사시 즉시 빠져나올 수 있는 비상구다. 탓하기는 한두 번 사용하면 금방 몸에 익힐 수 있다. 탓하기는 습관화하기에 최적한 전략이다.

옥에 티라고 할까, 탓하기의 유일한 단점이 있다.

성장을 가로막는다는 것이다.

나눔

가지고 있지 않은 것을 나눠줄 수는 없다.

나에 대한 사랑을 갖고 있지 않으면, 타인을 사랑할 수 없다.

따라서 자신을 사랑하는 것이 가장 중요하다.

쉽게
만들어라

인생의 큰 고민들 중 하나는 중독적인 행동을 그만둘 수 있는 방법을 찾는 것이다.

예를 들어, 담배를 끊고 싶다고 해보자. 가장 효과적인 금연법은 무엇인가? 30년간 피웠던 담배를 끊는 데 성공한 사람의 이야기를 들어보자.

"큰 목표를 잘게 쪼개는 거죠. 앞으로 절대 피우지 않겠다는 생각에 매달리면, 금연은 절대 불가능해요. 한 시간, 두 시간, 반나절, 오늘만이라도 담배를 피우지 않을 수 있는 방법을 궁리하는 게 효과적입니다. 누구든 하루는 버틸 수 있어요. 어려운 일이 아니니까요."

하루가 지나면 당신은 새로운 하루를 앞에 둔 새로운 사람이 된다. 매일 새로운 사람이 될 수 있기 때문에 우리는 매일 담배를 끊을 수 있다. 단 한 번의 금연에 성공하기는 어렵지만 수천, 수만 번 금연에 성공하기는 쉽다.

"앞으로 하루도 담배를 피우는 날이 없도록 하겠다는 목표는 어렵죠. 담배를 피우는 날보다 담배를 피우지 않는 날을 더 많이 만들겠다는 목표는 좀 덜 어렵죠. 성공은 어려운 목표를 쉽게 만들어내는 사람의 것입니다."

멋진 목표를 이루고 싶은가?
그렇다면 그걸 쉽게 만들어라.

알아차리기
연습

타인에 대한 짜증, 어떤 상황에 대한 거슬림을 알아차려 보라. 그 짜증이 사라지기를 원하는 마음과 있는 그대로 받아들이는 마음 사이의 모순을 순순히 허락해보라. 생각을 들여다보고, 있는 그대로 느끼고, 그 느낌이 몸을 움직이는 대로 놓아둬보라.

그 감정이 어떻게 드러나는지 알아차린다. 뱃속에서 공중제비를 할 수도 있고, 몸을 경직시킬 수도 있고, 심장이 쿵쾅거리거나 목이 메게 만들 수도 있다. 어떤 부위이든 간에, 내 안의 불가사의한 메신저로 허용하고 판단하지 않는 주의를 기울인다. 그 감정이 사라지기를 원하는 마음을 알아차리고 연민의 태도로 관찰한다. 이름을 붙이거나 설명하거나 방어하지 않은 채 당신 안의 미스터리와 조우하라.

처음에는 너무 미묘해서 구분이 잘 안 될 것이다. 그것을 찾는 건 오롯이 당신의 책임이다. 당신만이 미스터리한 삶을 살아가는 경험의 토대를 마련할 수 있다.

영혼을
가로막는 것들

우리의 영혼을 가로막는 세 가지가 있다.

첫째, 부정적인 감정에 먹이를 주는 것이다.
둘째, 미리 판단해버리고 마는 것이다.
셋째, 어딘가에 기댐으로써 균형을 무너뜨리는 것이다.

이 세 가지에서 벗어나고자 하는 노력과 훈련, 이것이 삶의 전부다.

깊이 들여다볼
것들

신은 우리가 웅장한 건물을 짓거나 예배에 참여하거나 종교 단체가 정한 규율을 지키건 말건 신경 쓰지 않는다. 만일 신이 우리에게 말한다면 서로 사랑하고, 증오가 아닌 경의를 내놓으라는 메시지가 전부일 것이다. 신은 그를 찬양하는 사람들이 아니라, 그를 찾지 않는 사람들을 더 관심 있게 돌볼 것이다.

우리도 마찬가지다. 사랑하지 않는 사람을 문제 삼을 일이 아니다. 왜 사랑하지 않는지, 왜 사랑을 드러내지 못하고 있는지를 깊이 들여다보며 인생을 살아가야 한다.

엘리베이터는
잊어라

언젠가 사석에서 만난 한 유명 사업가가 이렇게 말했다.

"제가 깨달은 인생의 지혜가 있다면 오직 이렇습니다. 감히 말씀드리는 건데, 엘리베이터는 늘 고장이 나 있다는 것입니다. 따라서 우리는 오늘도 계단으로 올라가야 합니다. 한 번에 한 계단씩 말이죠."

엘리베이터를 고치려 하지 마라. 거기에 시간을 들이기에는 인생이 너무 짧다. 엘리베이터는 잊어라. 계단을 오르는 것을 쉽게 만들려면, 오직 계단만 있는 삶을 살면 된다. 계단을 오르는 것만으로도 충분히 빠르다. 우리가 뒤로 처지고 제자리를 겨우 맴도는 수준에서 그치는 이유는, 너무 많은 길을 검토하는 데 시간을 쓰기 때문이다.

쉽고 단순한, 하나의 길에 집중하라.

좋은 사람을
끌어당기는 법

수천 년 동안 변하지 않는 인간관계의 진리가 있다.

사람은 누구나 지혜롭고 친절하고 인성 좋은 사람과 함께 있고 싶어 한다는 것이다. 그런 매력적이고 현명한 사람을 곁에 두는 방법 또한 수천 년간 변하지 않았다. 즉 당신 스스로 그런 사람이 되어야 한다는 것이다. 생각과 행동이 폭력적이고 나약하고 이기적이면, 친절하고 자신감 넘치고 너그러운 사람들을 삶에 끌어당길 수 없다.

성공한 사람들의 조찬 모임에 나가면 이에 관한 다음의 훌륭한 메시지를 얻을 수 있다.

"어떤 사람을 만나야 할지는 고민할 일이 아니다.
어떤 사람이 되어야 할지가 인생의 모든 해결책의 밑
바탕이다."

거짓말 거짓말 그리고
거짓말

모든 것을 망칠 것이라는 말은 너무나 원대한 거짓말이다. 다시는 일어설 수 없을 것이라는 말 또한 너무나 뻔한 거짓말이다. 그것을 넘어서기엔 내가 너무 부족하다는 말 또한 너무나 한가한 거짓말이다. 아무도 나를 사랑하지 않는다는 말만큼 한심한 거짓말도 없다. 다시는 기회가 없을 것이란 말만큼 맥 빠지는 거짓말도 없다. 여기서 실패하면 끝장이라는 말만큼 지루한 거짓말도 없다.

우리는 너무 많은 거짓말을 믿고 의지하며 살아간다.
거짓으로 점철된 삶이 좋은 삶일 리 없다.

한계란 절대 존재하지 않는다.

아무도 그것의 뚜렷한 실체를 목격하지 못했으니까.

스스로 믿는 한계만이 존재할 뿐이다.

성공한 사람들은 이 근거 없는 믿음에서 탈출한 사람들이다.

물 그리고
인생의 흐름

우주의 모든 것은 흐른다.

물을 움켜쥔다고 해서 잡을 수는 없다.

하지만 움켜쥔 손에 힘을 빼면 물의 흐름을 경험할 수 있다.

나이를 먹으면 알게 된다,

모든 삶의 경험이 모두 이 흐름과 관련이 깊다는 것을.

언제나
추락이 먼저다

살면서 내가 이룬 모든 진전에는, 그에 앞서 항상 '추락'이 있었다. 비단 나뿐 아니다. 많은 사람들과 대화를 나눠보니, 중요한 변화 이전에 추락이 먼저 일어난다는 것은 거의 보편적으로 적용되는 일종의 법칙이었다.

추락은 당황스러운 사건임에는 분명하다. 알코올 중독, 우울증, 심각한 사고와 부상, 사업 실패, 파산, 소중한 사람과의 이별 등등은 우리 삶에서 언제든 일어나는 추락이다.

추락이 발생하면 우리는 절망이 아니라 오히려 희망을 가져야 한다. 앞에서 살펴보았듯이 추락은 한 걸음 더 나가는 진전의 전조이니까 말이다.

　바닥에 이른 것을 두려워할 이유가 전혀 없다. 오히려 감사하라. 놀랄 준비를 해야 한다. 추락이 예상치 못하는 순간에 찾아오듯, 비약적인 성장의 순간 또한 예상치 못한 순간에 찾아온다. 우리가 할 일은 예상치 못한 성장이라는 손님을 맞이할 준비다. 준비된 학생이 되면 실제로 스승이 나타난다.

　내가 만난 모든 인생 현자들의 조언을 종합해보면, 추락이 성장보다 먼저 이루어지고, 그 결과 바닥으로 떨어지는 순간, 이기적인 삶에서 목적 있는 삶으로 방향을 바꾸는 변화에 필요한 에너지가 생긴다.

원하는 것 자체가
되어라

삶, 세계, 우주의 모든 것은 모순으로 나타난다. 따라서 우리 자신도 모순의 일부다.

생각해보라.

당신은 유형인 동시에 무형이다. 당신은 당신의 육신이지만 또 당신은 육신이 아니기도 하다. 당신은 손에 잡히지 않는 생각이기도 하고, 손에 잡히는 육신이기도 하다. 살아가는 동안 영원히 이렇게 대립하는 두 가지가 존재할 것이다. 인생의 중요한 모든 것은 '모순'으로 나타난다. 추락과 성장이 그렇듯이.

어떻게 하나인 동시에 정반대되는 둘이 될 수 있는가? 사랑을 간절히 원하고 손에 넣고 싶어 좇지만 왜 번번이 실패하는가?
사랑을 손에 넣는 것에 집착하지 않고, 사랑 그 자체로 존재하는
사람에게는 반드시 사랑이 찾아온다.

원하는 것을 반드시 얻고 싶은가?
그렇다면 원하는 것을 얻기 위해 뛰어다니지 마라.
원하는 것 자체가 되어라.

생각과
열정 사이

천재성은 어떤 시험으로 측정될 수 있는 대상이 아니다. 학교 성적표로도 확인할 수 없다. 어떤 사람이 되어 무엇을 이루고 싶은지, 자기 삶에 어떤 가치들을 끌어들이고 싶은지에 대한 꾸준한 생각과 확고한 신념이야말로 천재성의 증거다. 다시 말해 생각이 곧 천재의 단서다. 시인 폴 발레리의 말처럼 생각은 모든 것을 만들어내는 원료다.

생각을 떠올려 시각적인 자료로 만들어 간직하라. 그렇게 구체적인 모습을 띠게 된 생각과 이를 현실로 만들려는 열정이 합쳐지면, 마침내 천재성이 가동된다.

간절히 원하는 생각을 현실로 만들지 못하는 이유는 '시각화'에 실패하기 때문이다. 생각과 열정 사이에 다리를 놓아줄 '구체적 시각화'를 절대 잊지 마라. 시각화가 없으면 생각과 열정은 결코 합쳐지지 않는다. 실력이 없어서가 아니다. 시각화를 하지 않았기 때문에 성공에서 번번이 탈락하는 것이다.

당신이 원하는 것을 명확하게 그려 벽에 붙여놓고 들여다보라. 자연스럽게 열정이 솟아날 것이다. 이 과정을 가리켜 인생의 현자들은 '성공'이라 부른다.

의도를
간직하라

매일 아침 눈을 뜨면 다음과 같이 속삭이는 생각에 반드시 굴복하라.

나는 지금 이 순간 이것을 할 수 있다.

의도를 간직하는 한 필요한 모든 도움이 주어질 것이다.

선택의 순간,
기억할 것들

선택은 오롯이 당신에게 달려 있다.

"좋은 아침입니다, 신이시여!"를 선택하건, "좋은 신이시여,
아침입니다!"를 선택하건.

이름보다 큰 존재들을 사랑하라

학교에서 배우는 중요한 것들 중 하나가 '이름 붙이기'다. 사물을 정확하게 정의하는 법을 열심히 공부해왔다. 대부분의 학교는 모든 것의 식별과 분류를 원하고, 나아가 우리에게 구체적 범주의 지식을 갖춘 학생이라는 꼬리표를 달아주었다.

물론 이름 붙이기는 중요하다. 이름 붙이기는 대상을 구체적인 어떤 것으로 만드는 데 요긴하다. 하지만 어떤 대상을 완전히 포착해내는 이름은 존재하지 않는다. 우리는 이 사실 또한 잘 알고 있다. 이름은 한 대상의 부분을 규정할 뿐이다.

나의 이름이 나를 전부 담아내지는 못한다. 물은 '물'이라는 이름이 따라잡을 수 없는 존재다. 해도 달도 별도 우주의 그 무엇도 이름 그 이상의 존재다.

동양의 철학자 노자老子가 "이름 붙일 수 있는 것은 진정한 도道가 아니다"라고 설파한 이유가 바로 여기에 있다.

분명 살아가면서 우리는 기억하고 규정하고 분류해야 한다. 이를 통해 목표를 이루고 한 걸음 더 나갈 수 있는 에너지를 얻어야 한다. 하지만 이와 동시에 우리가 잊지 말아야 할 일이 있다.

기억하고 분류하는 동시에 남김없이 보고, 완전하게 느끼는 장엄함 또한 누려야 한다는 것을.

'나답게 사는'
내가 되어라

동물처럼 자유롭게 움직여라.

어디에 있어야 하고, 어떻게 행동해야 하는지에 대한 생각에 얽매이지 마라. '수달스럽게' 사는 수달이 되어라. 착하지도 나쁘지도 아름답지도 추하지도 성실하지도 게으르지도 않은 그저 수달이 되어라. 생각이 곧 행동이고, 행동이 곧 생각인 수달이야말로 우리 삶의 지혜로운 본보기다.

물이나 땅에서 자유롭고 평화롭고 즐겁게 아무 판단 없이 움직이는 삶을 살아야 한다는 것을 우리는 늘 뒤늦게 깨닫는다.

뒤늦은 깨달음은 깨달음이 아니다. 후회다.

삶의 후위가 아니라 전위에 깨달음이 놓일 때 비로소 우리는 지혜롭고 현명해진다.

왜 지금은
못 하는가?

내 스승인 인도의 현자, 니사르가닷따 마하라지Nisargadatta Maharaj는 이렇게 말씀하셨다.

"지혜는 내가 아무것도 아님을 아는 것이다. 사랑은 내가 전부임을 아는 것이다. 깊은 삶은 언제나 이 둘 사이에서 움직인다."

그는 또한 '관찰하는 것'만으로도 인생은 충분하다고 강조하셨다. 비판하거나 바꾸려 하지 않고 관찰하는 삶. 수십 년간 한곳에 고요히 붙들려 새들을 관찰하는 조류학자들처럼 평화로운 풍경을 가진 삶.

역설적으로 말하면, 우리는 이런 평화와 고요를 얻기 위해 그토록 시끄러운 세상에서 노력과 변화를 외치고, 성공을 꿈꾸며 살고 있다.

우리는 흔히 말한다.

"아이들 커서 독립하고 나이가 들면 조용한 시골로 내려가 살고 싶습니다."

왜 지금은 조용히 살지 못하는가?

왜 그렇게 아등바등 악다구니 치면서 살고 나서야 조용한 삶을 찾으려고 하는가? 그토록 갈구했던 성공과 행복은 결국 평화와 고요를 찾는 일 아닌가? 그걸 왜 노년에 얻으려고 하는가?

전략과 판단, 협상, 거래, 함정, 기만, 술수의 세계가 아니라 지혜와 사랑 사이에서 움직이는 세계에 최대한 머물러보라. 그토록 찾던 것이 당신의 발밑에 도착해 있을 것이다.

0을 향해 가라

무無는 수학적으로 0의 표현과 동일하다. 나눌 수도 없고 경험적 가치도 없다. 무엇으로든 곱해도 그 값은 무가 된다. 나눌 수 없는 0이 없으면 수학 자체가 불가능하다. 물질세계로 오기 전에 우리의 본질 또한 무였다.

법칙, 의무, 돈, 부모, 배고픔, 공포 등 거추장스러운 것들이 하나도 없었다. 아무것도.

좋은 삶은 결국 무로 돌아가는 것이다. 늦지 않았다. 지금부터 몸과 마음에 잔뜩 달라붙은 것들을 하나씩 내려놓아라. 몸과 마음이 무거운 사람이 좋은 삶을 살았다는 이야기는 한 번도 들어본 적 없다.

무엇이든 줄여라.

가장 가벼운 사람이 가장 빨리 정상에 오른다.

답을 듣는
삶

신에게 말을 건네는 것을 우리는 기도라고 부른다. 기도를 한다는 것은 보편적인 지성이 존재함을 믿는다는 뜻이다. 종교를 가진 사람들뿐 아니라 우리는 늘 마음속으로 기도를 올린다. 소원을 빌고 행운을 기원하고 가족의 건강을 희망한다.

보편적인 지성의 존재에게 이처럼 많은 말을 건네면서도, 왜 그 기도에 답이 올 것이라고는 쉽게 믿지 못하는가?

당신은 분명 답을 들었다. 다만 그 사실을 믿지 못할 뿐이다.

여행의
목적

몇 분 동안 느끼는 완전한 경외심은 그 어떤 형이상학 수업보다 빠르게 영적 깨달음을 도와준다.

드넓은 세계로 나가라.

경배할 대상을 찾아라.

아무것도
하지 않아야 한다

인생은 마법 같고 불가사의한 1나노초 사이에 우리가 비존재에서 존재로 옮겨지면서 출발했다. 이 찰나의 시간 사이에 우리가 삶이라고 부르는 여정에 필요한 모든 것이 처리되었다. 눈에 보이지 않는 힘이 가동을 시작해 우리의 신체적인 특징을 채웠다. 궁극적인 신장, 체형, 눈, 피부, 머리색, 언젠가 나타날 주름, 죽음까지 모든 것이 눈 깜짝할 사이에 질서정연하게 결정되었다.

그러니 삶에서 우리가 할 일은, 아무것도 하지 않는 것이다. 더 정확하게 말하면, 아무것도 하지 않아야 한다는 것을 생생하게 깨닫는 것이다.

일어날 일은 일어나고 일어나지 않는 일은 일어나지 않는다. 이 진리의 질서가 모순되거나 부정된 적은 한 번도 없다.

무언가를 더 일찍 깨닫기 위해 노력할 이유도 없고, 늦게 깨달았다고 해서 후회할 필요도 없다.

우리가 미리 알면 좋은 것은 오직 이것뿐이다.

'모든 것은 순차적으로 일어났다가 사라질 뿐이라는 것.'

누리기 위해
오다

뭔가 부족하다는 생각이 들 때는 다음의 메시지를 떠올려라.

내게 지금 필요한 모든 것은 여기에 있다.

이는 뻔한 말이 아니다. 풍요하다는 전제 위에서 살아야 우리는 풍요해진다. 부족하다는 이유로 뭔가를 자꾸 얻으려 하면, 그만큼 뭔가를 자꾸 잃게 된다. 번영과 풍요를 받아들이는 것에서 출발하면 활력이 넘치는 삶을 살게 된다.

우리는 뭔가를 얻고 채워 넣고 보완하기 위해 이 세계에 온 것이 아니다. 풍요와 번영을 누리기 위해 이 세계에 온 것이다.

결핍에서 풍요와 넘침으로 생각의 프레임을 전환하라. 인류의 현자들, 성자들의 얼굴은 왜 그토록 온화한 미소로 넘치는가? 돈이 많아서인가? 명성을 얻어서인가? 학식이 많아서인가?

답은 이미 당신이 알고 있다.

준비된
학생

판단 없이 대상을 바라보고자 노력하고 있다면,

마음에도 몸이 있어, 당신의 몸이 당신의 마음과 당신의 마음의 몸을 담고 있음을 안다면,

당신은 준비된 학생이다.

평화에
머물러라

　당신을 불쾌하게 만드는 것은 당신을 약하게 만들 뿐이다. 불쾌한 느낌이 든다는 것은 불쾌함에 당신이 계속 지고 있다는 뜻이다. 당신의 몸을 당신을 약하게 만드는 것들에 내주지 마라. 불쾌함에 맞서 싸우고자 파괴적인 에너지를 만들어서는 안 된다. 언제나 자아를 초월해 평화에 머물러라.

걸작은
어떻게 탄생하는가

언젠가 내가 쓴 한 책에 대한 두 통의 독자 편지를 받은 적이 있다. 독자 한 명은 자신의 인생을 바꿔준 훌륭한 책이라고 칭찬하며 내게 감사의 뜻을 전했다. 그런가 하면 다른 독자 한 명은 책이 너무 형편없으니 환불을 해달라는 요구를 편지에 담았다.

그래서 나는 이렇게 했다. 환불을 요구한 사람에겐 좋은 내용의 편지를 보내고, 칭찬의 편지를 보낸 사람에게는 혹평한 편지를 보냈다. 그리고 두 사람 모두에게 한마디를 남겼다.

"당신이 맞을지도 모릅니다."

'내가 옳고 당신이 틀리다'가 아니라 당신이 옳을 수도 있다고

했다. 내가 이런 말을 남긴 이유는 간단하다. 타인의 생각에 집착하는 것이 얼마나 낭비인지를 알고 있었기 때문이다.

모두에게서 칭찬과 호평을 받는다는 것은 불가능하다. 하나의 사안을 놓고 서로 견해가 극명하게 갈리는 일은 인생에서 얼마든지 일어난다.

걸작은 호평만으로 탄생하지 않는다. 위대한 작품은 언제나 찬사와 비난을 한몸에 받는다.

타인의 평가에 너무 매달리지 마라. 객관적인 평가란 원천적으로 불가능하다는 사실을 명심하라. 모두가 자신의 입장에서 지극히 주관적인 견해를 내놓을 뿐이다.

혹평을 받아들이고 칭찬을 경계하라.

나의 모든 모습을
의심하라

모든 소망을 이루는 사람이 되고 싶은가?

그렇다면 자기 삶의 창조주라는 상위의 존재로 옮겨가야 한다. 이는 무슨 뜻인가? 자신에 대한 모든 개념을 바꾸는, 결코 쉽지 않은 일을 수행해야 한다는 뜻이다. 자신에 대한 개념을 바꾼다는 것은, 안과 밖의 자아에 대해 사실이라고 믿는 모든 것을 의미한다. 내가 어떤 사람이라고 믿고 있는 사실 모두를 의심하고, 재발견하고, 새롭게 바라볼 수 있어야 한다. 평범한 공간에서 비범한 공간으로 진입하려면, 평범한 공간에서 믿었던 사실 모두를 바꿔야 한다.

사랑하라,
조건 없이

어떤 상황에서도 자신을 부드럽게 다루어라. 조건 없이 사랑하라.

성공하는 사람들은 타인을 받아들이는 사람이다. 타인을 조건 없이 받아들이는 사람들은 늘 자신을 조건 없이 받아들이는 사람이다.

균열을 내라

지금 이 순간의 삶이 행복하지 않다고 느껴지는가? 충만한 삶이 아니라는 생각이 드는가? 괜찮다. 이는 모두 반박되거나 되돌릴 수 있는 생각들이다. 진짜로 행복하지 않아서가 아니라, 행복하지 않다는 생각이 나의 행복을 억누르고 있기 때문임을 깨달을 때 우리는 비로소 자기 삶의 방향에 눈을 뜬다.

흔히 우리는 오랫동안 강건하게 유지되어온 굳건한 믿음이 있다고 믿는다. 물론 그런 믿음은 존재한다. 하지만 그런 믿음이 절대 깨지지 않을 것이라는 생각은 놀라울 만큼 착각과 다름없다. 수천 년간 믿어 의심치 않았던 견해들이 일순간에 깨지는 경우를 우리는 인류 역사에서 자주 목격해왔다. 그리고 그런 강고한 민음, 확신, 신념의 체계가 깨질 때 혁명적인 진보와 번영, 발전이 있었음을 배워왔다.

그 어떤 민음도 나를 영원히 억누르지 못한다는 것을 알아차리면서 변화의 삶이 시작된다. 핑계 없는 삶을 살지 못하게 이끄는 생각들을 버리기 시작해보라.

한 번에 하루씩, 한 번에 기적 하나씩, 한 번에 새로운 생각 하나씩!

우리가 살면서 꾸준하게 해야 할 일이 있다면, 바위처럼 꿈쩍않는 민음과 생각들에 조금씩 균열을 내는 일이다.

한 걸음씩
전진하기

자신에게 기독교도, 이슬람교도, 불교도 같은 이름표를 붙이지 마라.

그리스도처럼, 모하메드처럼, 부처처럼 되는 데 헌신하라.

욕망의 목록을 만들고 이름 붙일 수 없는 것으로 바꿔라.

그저 믿고, 그 믿음을 무너뜨리면서 한 걸음씩 나가라.

텅 비어
있어라

하루 내내 하는 생각이 당신이 된다. 많은 사람들이 이 비밀을 알지 못한 채 살아간다.

생각은 마음의 일이다. 눈에 보이지 않는 마음이 새로운 생각과 무한한 가능성에 닫혀 있다면, 인간성의 가장 중요한 측면을 죽이는 것과 같다. 하나의 특정한 존재 및 삶의 방식에 집착하지 않는 열린 마음은 새롭고 무한한 가능성을 주기 때문에, 탐구할 수 있는 빈 그릇을 가지고 있는 것과 같다.

존재의
99퍼센트

'21세기의 레오나르도 다빈치'라고 불리는 미국의 건축가 버크민스터 풀러Buckminster Fuller는 이렇게 말했다.

"당신이라는 존재의 99퍼센트는 눈에 보이지도 않고 만져지지도 않고 냄새도 맡을 수 없고 잡을 수도 없다. 그러므로 당신은 결코 유형의 존재가 아니다. 무형의 존재다."

그럼에도 우리는 99퍼센트가 아니라 1퍼센트에 집착한다. 형태가 있는 1퍼센트에 온갖 에너지를 집중한다.

당신이 보여줄 수 있는 건 창대하다는 것을 잊지 마라.

당신에 대해 보여지는 것이 미약할 뿐이다.

탁월한
관계 만들기

알코올을 비롯한 모든 유형의 약물(합법적이건 그렇지 않건)은 몸의 에너지 수치를 낮추고 당신을 약하게 만든다. 문제는 여기에서 그치지 않는다는 데 있다. 그렇게 되면 에너지 수치가 낮은 사람들만 당신 주위에 나타난다는 것이다.

우리는 모두 건강한 사람들과 지내기를 원한다. 몸과 마음이 상쾌하고 건강한 사람들만 찾아다닌다고 해서 그들을 곁에 둘 수 있는 것이 아니다. 금연, 금주, 약물에서 벗어나는 일이 중요한 것은 이를 통해 당신이 회복한 몸과 마음을 유지시켜 줄 수 있는 사람들이 등장하기 때문임을 명심하라.

일을 할 때도 마찬가지다. 긍정적인 태도로 도전을 즐기는 사람에겐 반드시 그에 걸맞은 동행이 나타난다. 부정적인 태도로 매사에 회의적인 사람에게도 반드시 그에 걸맞은 동행이 나타난다.

선택은 자명하다.

건강한 관계를 원하는가? 성공적인 관계를 원하는가?

그렇다면 당신은 건강한 사람들이, 성공을 향해 정진하는 사람들이 좋아하는 사람이 되어야 한다.

그냥 피어나는
꽃들을 보라

젊은 시절, 나는 경쟁에서 이긴 다음에야 비로소 평화로운 인간관계가 성립되는 줄 알았다. 내가 늘 상대보다 우위에 있어야만 전쟁과 갈등이 생기지 않는다고 굳게 믿었다. 하지만 시간이 흐를수록 내가 얼마나 어리석은 생각을 하고 있었는지가 분명해졌다. 나보다 못하다고 생각했지만, 그래서 나에게 굴복하고 있다고 생각했지만, 정작 나보다 훨씬 더 크고 분명한 성취를 얻은 사람이 얼마나 많은지 알면 당신은 아마 기절초풍할 것이다.

반대의 경우도 마찬가지다. 나보다 힘이 세고 탁월하다고 생각했던 사람들 중 많은 이가 한 번의 시련에 나가떨어지기 일쑤였다.

그래서 나는 깨달았다. 인간과 인간은 그냥 파트너십을 맺고 있을 뿐이라는 것을. 경쟁이란 단어는 그냥 내 불안과 질투 같은 못난 감정이 만들어낸 판타지일 뿐이라는 것을.

우리는 그저 파트너일 뿐이다.

서로 돕다 보면 서로가 서로에게 기회를 제공하는, 좋은 동행일 뿐이다.

누구도 소홀히 대하지 마라. 누구도 우러러보지 마라.

안절부절못할 필요도 없다.

그냥 담담하게 상대를 바라보라.

그냥 존재하게 두어라.

그냥 존재하는 관계 위에 피어나는 꽃들을 음미하라.

사랑을,
사랑이 가장 필요할 때

가장 괴로울 때 사랑을 생각하라. 가장 힘겹게 싸워야 할 때 사랑을 떠올려라. 증오와 분노가 폭발하기 직전, 사랑에 관한 기억과 추억을 꺼내라. 사랑을 베풀었던 순간을 언제든 필요할 때 열람할 수 있도록 마음의 서랍에 저장하라.

사랑을, 사랑이 가장 필요할 때 능수능란하게 사용할 줄 아는 사람이 되어라.

인생의 모든 역경과 시련은 사랑이 필요할 때 뭔가 다른 걸 궁리하는 데서 비롯됨을 잊지 마라.

uni+verse

하나의 노래!

그것이 바로 우리의 우주다.

uni(하나)+verse(노래).

우리는 모두 개별적인 음으로 나뉘어 있지만,

하나의 노래에 참여하고 있다.

동시다발적으로
존재하라

불행의 이유는 간단하다. 즐기지 못해서다. 얻는 데 너무 에너지를 쓰느라, 정작 그것을 손에 넣었을 때 온전히 즐기지 못해서다. 그럼에도 우리는 늘 착각에 빠진다. 뭔가를 얻지 못해서 불행하다고. 순례길에서 만난 한 지혜로운 여행자는 내게 이렇게 말한 바 있다.

"나는 평생을 '그다음은 뭘 해야 하지?'라는 질문의 답을 찾느라 정말 바빴어요. 그러던 어느 날 문득 깨달았죠. 인생이란 게 산을 오르는 것처럼 순차적으로 계단을 오르는 일이 아니라는 것을요. 산은 더 이상 오를 곳이 없는 정상이 있기 때문에 한 계단 한 계단 오르는 전략이 유용하죠. 하지만 인생은 절대 그렇지 않아요. 인생을 사는 가장 현명한 전략은, '동시에 존재하는 것'입니다. 인생의 모든 것은 출발선인 동시에 결승선이고, 입구인 동시에 출구이고, 진입로인 동시에 정상이죠. 시작과 동시에 끝입니다. 우리는 우리가 어느 특정한 한 곳에 존재한다고 생각하지만, 착각입니다. 우리는 이 세계 모든 곳에 동시다발적으로 존재합니다. 아니, 존재해야 합니다. 그다음은 없어요. 우리는 가능성인 동시에 완성태입니다."

당신이 젊은 독자라면 이 말을 가슴 깊이 새겨라.
당신의 앞길에 빛나는 등불이 되어줄 것이다.

그것들도
당신을 찾고 있다

책장을 잠시 덮고 당신의 손을 한 번 살펴보라.

그 손이 곧 당신의 전부라고 한다면, 기겁하지 않겠는가? 분명 깜짝 놀라 고개를 저을 것이다.

"이 손이 나라고요? 아뇨, 아닙니다. 손이 나의 일부인 건 맞지만 손이 나일 수는 없습니다."

틀림없이 당신은 이렇게 말하며 펄쩍 뛸 것이다.

형태를 구성하는 모든 것이 그렇다. 형태를 구성하는 것들을 가리켜 '이것이 인간이구나' 하고 느끼는 사람이 있을까? 연골과 뼈, 피부는 돼지와 개와 말에게서도 볼 수 있는 것 아닌가!

당신의 손마디들을 천천히 들여다보라. 당신의 손만을 확대
해 사진으로 찍은 다음 다시 한 번 들여다보라. 손보다 더 당신을
당신으로 만드는 다른 것들이 있음을 깨닫게 될 것이다.

그것들이 비로소 당신이다.
그것들을 찾아내라.
그것들도 당신을 찾고 있다.

목격자

인내심을 가지고 두려운 생각들을 사랑하라.

목격자로서 두려움을 관찰하는 연습을 하면, 두려움이 점차 사라진다.

갈등은
어떻게 사라지는가

상사, 친구, 직장 동료, 배우자, 자녀….

관계에서 가장 힘든 것은 마찰, 충돌, 갈등이다.

관계에서 빚어지는 갈등 때문에 우리는 얼마나 많은 에너지를 소비하는가?

오늘도 그런 갈등으로 밤잠을 뒤척이고 있다면, 다음의 문장을 떠올려보라.

갈등은 당신이 참여하지 않으면 살아남지 못한다.

얼마나 멀리까지
당신을 데려가는가

당신 안의 더 높은 힘을 불러내려면, 더 높은 힘의 존재를 믿어야 한다. 살면서 우리가 갖는 믿음은 둘 중 하나다. 존재한다는 믿음. 그리고 존재하지 않는다는 믿음. 내가 아는 지혜로운 유대인 랍비는 이렇게 말했다.

"삶의 성공은, 당신의 믿음이 얼마나 멀리까지 당신을 데려갈 수 있는지의 싸움에서 결정됩니다."

기적 같은 일이나 예상을 훨씬 뛰어넘는 결과는 그것을 이루는 데 필요한 무엇인가가 내면에 확실히 존재한다는 믿음을 통해 결정된다. 간단히 말해, '마음의 힘'에 대한 믿음이 삶의 중요한 것들을 결정한다.

우리는 늘 '결정적인 것'을 찾고 싶어 한다. 그래서 우리는 늘 이런 질문을 습관적으로 떠올린다.

'탁월한 삶을 얻는 데 결정적 역할을 한 것은 무엇인가?'

당신보다 먼저 성공하고 먼저 뭔가를 이루고 먼저 뭔가를 발견한 사람들은 늘 이렇게 답한다.

"해낼 수 있다는 '믿음'을 잃지 않았기 때문입니다."

지금 당신의 믿음은 무엇을 만들어내고 있는가?

지금 당신의 믿음은 어디로 향하고 있는가?

당신의 믿음을 의심하지 말라.

꼭 이겨야 하는
상대가 있다면

타인을 판단하지 마라.

타인을 판단할 때 당신은 그가 아니라, 당신 자신을 정의하기
때문이다.

상대에 비친 당신 자신만을 보기 때문이다.

꼭 이겨야 하는 상대가 있다면, 간단하다.

그가 당신을 판단하게 만들어라.

머릿속에서
탈출하라

내가 살면서 가장 많이 접한 인생 조언이 있다면 다음이다.

'소유해야만 한다고 집착했던 것들이 결국 당신을 소유하게 될 것이다.'

그리고 오랫동안 살아보니, 집착의 결과는 늘 이러했다.

무언가를 갖고 싶은 열망이 커질수록, 우리는 그 열망의 노예가 되고 만다. 열심히 노력해도 좀처럼 행복해지지 않는 이유가 여기 있다. 노예의 삶이 행복하기란 불가능하니까. 그렇다고 모두가 무소유를 실천하는 승려의 삶을 살 수도 없는 노릇이다.

어떻게 해야 할까?

순례를 위해 세상 곳곳을 돌아다니던 시절에 만난 한 지혜로운 사람이 이렇게 말했다.

"우리는 책을 소장하는 것보다 책을 '읽는' 것에서 더 큰 기쁨과 만족을 얻습니다. 그런 것들을 찾는 데 인생을 써야 합니다. 소유에 대한 집착과 소유하지 못한 불안은 늘, 우리가 머릿속에서 답을 찾으려고 하기 때문입니다. 바람은 절대 손에 잡히지 않는다는 사실을 깨닫기 위해선 넓은 들판, 푸른 바다로 나가봐야 압니다. 소유와 열망보다 더 큰 것이 무엇인지를 알려면, 소유와 열망이 정해놓은 틀 밖으로 나와야 합니다. 새장 안의 새가 얼마나 행복하겠습니까? 우리 안의 동물이 얼마나 만족한 삶을 살겠습니까? 얻은 다음에 나서는 게 아니라, 얻기 위해 나서야 합니다."

나는 무릎을 치며 고개를 크게 끄덕였다.

행복을 위해 우리가 가장 먼저 해야 할 일은, 머릿속에서 나오는 것이다.

사랑이
두려움을 이긴다

실패는 판단 또는 견해일 뿐이다.
그것은 당신의 두려움에서 나온다.
두려움은 사랑으로 제거할 수 있다.

당신 자신에 대한 사랑. 당신이 하는 일에 대한 사랑. 타인에
대한 사랑. 당신이 살아가는 세계와 행성에 대한 사랑.

고통 속에
있을 때

고통 속에 있을 때 우리가 해야 할 일은 단 한 가지다.

축복을 찾는 것이다.

축복은 어떻게 발견되는가?

고통을 소유하지 않을 때다.

소유하지 않은 채 고통을 관찰하는 연습을 할 때다.

영감의
다른 이름

사람은 누구나 영감을 얻고 싶어 한다. 그리고 흔히들 영감이란 가끔씩 번개처럼 나타났다가 갑자기 사라져버리는 것이라고 생각한다. 그래서 그 찰나의 순간을 잘 포착해야만 영감을 얻을 수 있다고 믿는다.

하지만 이는 완전한 착각이다. 평생 글쓰기를 천직으로 살아온 내 경험에 따르면 그렇다. 글을 쓰며 만난 수많은 예술가들과 나눈 이야기들에 따르면 그렇다.

영감은 평생에 걸쳐 가꿔나가야 할 진취적인 열정이다(영감이 결여된 것은 열정이 될 수 없다). 그렇다, 영감은 열정으로 진화해

나갈 수 있어야 한다. 매 순간 끊임없이 기다리고, 끊임없이 탐색하고, 끊임없이 전진하는 사람들을 가리켜 우리는 열정적인 사람이라고 말한다. 영감은 예술과 과학 분야의 창조적인 천재들의 전유물이 아니다. 영감은 열정적인 사람의 것이다. 열정 없는 사람에게 영감은 결코 나타나지 않는다.

영감은 열정 그 자체다.

삶에 필요한 영감을 얻고 싶은가?

먼저 절대 식지 않는, 열정적인 사람이 되어라.

파도가 눈썹까지
쳐들어올 때

드넓은 들판을 걸을 때
장엄한 산맥을 바라볼 때
고독한 순례길에 나설 때
푸른 파도가 눈썹까지 쳐들어올 때
우리는 알게 된다.

바람은 잡을 수 없다는 것을.
생각도 마찬가지라는 것을.

지금 이 세상은

지금 이 세상이 당신이 원하는 모습이 아닌가?

그래서 당신은 지금 무엇을 하고 있는가?

원망? 탓하기? 자책? 핑계는 찾았는가?

지금 이 세상은 당신의 마음 상태가 반영된 것이다.

깨어 있는 자의
꿈

나는 여든 살이 넘은 현재,《월든》의 작가 헨리 데이비드 소로우의 말을 상기하려고 노력한다.

"깬 채로 꿈을 꿀 때, 우리의 삶은 가장 진실되다."

꿈과 현실을 자꾸 분리하려고 하는 사람들이 많다. 이는 큰 잘못이자 착각이다. 현실성이 없다는 지적이나 생각처럼 나약한 것도 없다.

'그게 정말 가능하기나 할까?'

'그게 있을 수 있는 일이야?'

'에이, 말도 안 돼.'

성공한 사람들의 인터뷰를 찾아보라. 이런 생각으로 성공을 얻은 사람이 있는지 살펴보라. 그들은 모두 깨어 있는 채 꿈을 꾼 사람들 아닌가?

나는 말도 안 되는 이야기를 생생하게 하고 다니는 사람들을 많이 만났고, 그들 중 많은 사람이 원하는 삶을 얻었음을 목격해 왔다.

꿈은 잠든 자가 아니라 깨어 있는 자를 위한 선물이다.

영혼이 하는 일

삶을 극적으로 뒤집는 비약적인 순간은 매우 강렬하다. 사실 우리는 이 순간을 보기 위해 평생을 살고 있는지도 모른다. 우리가 명심해야 할 한 가지는, 그런 비약의 순간은 결코 거창하거나 화려한 불꽃놀이처럼 나타나지 않는다는 것이다.

나는 어느 날 아침, 잠에서 깨어 일어나 너무나 갑작스럽게, 그러나 너무나 자연스럽게 알코올을 포기했다. 그 순간을 나는 20년이 지난 아직도 생생하게 전부 기억한다.

침대의 이불, 옷장 문에 걸려 있던 셔츠, 벽지의 색깔, 바닥에 놓여 있던 동전 지갑, 침대 머리판의 스크래치 자국, 탁상시계의

초침 소리들….

나는 내 삶에 획기적인 전환을 가져다준 그 순간을 그렇게 아무렇지도 않게 맞이할 수 있었을까? 이는 설명이 불가능하다. 다만 삶을 바꾸는 도약의 순간에 대해 수많은 현자들과 대화를 나누면서 한 가지는 분명해졌다. 이런 빛나는 순간은 '영혼'이 하는 일이라는 것을.

영혼이 부를 때는 사건 전체가 강렬하게 강조된다. 그 어떤 작은 것도 고스란히 몸과 마음에 간직된다.

너무도 생생한 기억으로 남아 있는 장면이나 사건이 있는가? 딱히 특별하지도 않은데 시간이 흐를수록 오히려 점점 더 선명해지는 기억이 있는가?

반드시 오랫동안 깊이 들여다보라.

당신의 영혼이 한 일이다.

신은 어떻게
일하는가

매일 수백만 송이의 꽃이 피어나는 것을 보면서 항상 기억하라.
신이 조금의 힘도 들이지 않고 그렇게 한다는 것을.

특별한 피정

　자기 내면의 나라로 들어가는 법을 배웠다면, 언제든 이용할 수 있는 특별한 피정避靜이 확보된 셈이다.

　휴식 그리고 위안이란 이런 것이다.

불안

몸이 아플 때는 우리가 선택할 수 있는 것은 단 두 가지다.

고통스러워할 준비를 하거나 치유할 준비를 하거나.

우리가 계속 고통 속으로 빠져드는 것은, 치유를 믿지 못해서다.

'이 약을 쓴다고 해서 좋아질까?'

'저 의사의 조언을 따라야 할까?'

'어차피 죽을 몸, 치료하는 데 시간과 돈 낭비하지 말고, 마음 껏 하고 싶은 거 하다가 죽는 게 낫겠지!'

나는 이처럼 마음껏 하고 싶은 거 하다가 죽은 사람을 한 명도 보지 못했다. 정작 고통 때문이 아니라 불안 때문에 끝내 눈을 감지도 못한 채 죽은 사람들을 무척이나 많이 알고 있다.

시한부 환자라면, 치유의 힘을 믿으면서 자신에게 의미 있는 시간을 보내야 한다. 우리는 모두 시한부 환자다. 영원히 사는 사람은 없으니까. 따라서 치유의 힘을 믿으면서 의미 있는 시간을 보내야 하는 것은 우리 모두에게 주어진 미션이다.

우리는 고통이 아니라 불안 때문에 고통스럽다.

어디로 가는지
귀 기울이면

잠자기 전에 해야 할 유일한 일은 '나는 존재한다'라는 믿음을 충만하게 느껴보는 것이다. 휴대폰을 들여다보고, 이리저리 뒤척이다가 기어코 일어나 알코올을 찾는 행동 등은 모두 '존재한다'는 사실에 대한 불안과 의심 때문이다.

깊은 숨을 쉬면서, 그 숨이 어디에서 와서 어디로 가는지 귀 기울여보라. 그 귀 기울임이 당신을 숙면으로 이끌고, 숙면 속에서 당신은 평화와 번영의 꿈을 꾸게 될 것이다.

자연스럽다는 것

나무는 자신의 내면에서 키운 생명력이 온 숲으로 자연스럽게 퍼지도록 허락한다. 당신의 삶, 당신의 생각에도 이 나무 같은 자연스러운 힘이 들어 있다. 그러니 무리하게 확장시키려고 애쓰지 마라.

물도 마찬가지다.

물은 바람 없이도 흐를 줄 알고, 바람을 빌려 바다로 나갈 줄도 안다. 우주는 스스로 돕는 자를 돕는다.

지금 여기에
생각 떨어뜨리기

낙담하고 의기소침할 때는 이렇게 생각해보라.

'내 삶의 가장 값진 보물인 지금 이 순간을 이렇게 사용하고 싶은가?'

우리는 생각이 너무 많다. 동시에 너무 많은 생각들 중 대부분이 일어난 과거 또는 오지 않을 미래에 대한 후회나 걱정, 불안이다. '지금 이 순간을 살라'는 문장은 몸뿐 아니라 생각 또한 현재에 충실해야 한다는 뜻이다. 다시 말해 지금 이 순간을 살라는 것은 '지금 이 순간을 생각하라'는 의미와도 같다.

지금 이 순간은 당신의 존재적 근원이 주는 놀라운 선물이다.

과거에 대한 후회와 미래에 대한 불안으로 현재를 채운다는 것은 존재적 근원이 준 소중한 선물을 거부하는 것과 같다.

언제나 생각을 현재 위에 떨어뜨리는 연습을 하라.

어제는
끝났다

분명히 기억하라.
어제는 이미 끝났다.
펠로폰네소스 전쟁이 끝났듯이.

나는 행동과 결과가
아니다

당신은 당신의 가치를 어떻게 생각하는가?

무엇을 기준으로 당신의 가치를 평가하는가?

어떤 것을 얼마나 탁월하게 잘하느냐로 평가하고 있다면, 지금 당장 그만두어라. 당신은 행동이나 결과가 아니다. 그것들이 당신이라면, 당신은 행동과 결과가 없을 때는… 존재하지 않는 것이 된다.

내가 무슨 말을 하려는지 알겠는가?

능력과 행동, 결과의 여부로 자신의 가치를 매기는 것은 말도 안 되는 소리라는 것이다!

저항을 잠재우는
힘

삶에 가져오고 싶은 것들을 늘 바라보고, 그것들을 바라볼 수 있는 사실에 감사하라. 감사는 표현할수록 나무처럼 자연스럽게 그 싱싱한 생명력과 에너지가 사방으로 퍼져나간다. 결국 산다는 것은, 만나는 모든 것에 감사를 표하는 일임을 당신도 나처럼 언젠가 알게 될 것이다.

감사의 흐름을 타면서 삶의 방향을 조율하라. 싸우려고 하면 결국 급류에 휩쓸리고 만다. 삶의 모든 측면이 그렇다. 제아무리 옳고 좋은 일일지라도, 밀어붙일수록 저항력이 커진다. 저항을 잠재우는 가장 강력한 힘이 곧 감사다.

당신은

당신은 인류라는 몸의 뛰는 심장인 동시에 단 하나의 박동
이다.

옳고 싶은가,
행복하고 싶은가

옳아야만 한다는 에고의 욕망에서 벗어나라.

논쟁을 피할 수 없을 때는 이렇게 생각하라.

'나는 옳고 싶은가, 행복하고 싶은가?'

옳고 그름, 선과 악, 합리성과 불합리성, 합법과 불법 등등을 저울질하는 것은 모두 행복보다 작은 가치들이다.

삶의 진정한 행복을 찾은 사람이 불법과 악을 일삼는 것을 본 적 있는가? 선한 가치들은 늘 자연스럽게 행복을 뒤따른다.

오래된 방식을
떠나라

작가인 내가 가장 많이 듣는 질문은 이렇다.

"어떻게 하면 글을 잘 쓸 수 있을까요?"

내 대답은 간단하다.

"당신 자신의 방식에서 벗어나세요."

지금껏 당신이 어떤 삶을 살았는지를 보여주는 글쓰기는 타인의 공감을 얻지 못한다. 당신의 글은 당신이 지금껏 살지 않은 방식을 보여줄 수 있어야 한다. 나아가 글쓰기가 당신의 행동과 경험이 아니라 당신 존재 그 자체에 대한 증명일 때 탁월해진다.

당신의 글을 읽는 사람들은, 당신이 그동안 보여준 것이 아니라 보여줄 수 있는 것에 기대를 건다는 사실을 명심하라. 당신을 아주 낯선 방식으로 정의하는 것, 그것이 당신 글의 첫 줄이 되어야 한다.

거절한 사람에게
감사하라

나는 늘 내게 이렇게 말해준 사람들에게 감사한다.

"미안하지만 안 되겠습니다."

"당신의 부탁을 들어줄 수 없군요."

"저희 출판사에선 당신의 책을 낼 수 없을 것 같습니다."

"하늘이 두 쪽 나도 당신은 안 됩니다."

"당신을 받아들이기가 힘들군요."

나는 나의 제안, 부탁, 요구, 거래를 거절했던 모든 사람에게 감사한다. 모두가 알다시피 타인의 부탁, 특히 잘 아는 사람의 일을 '거절하기'란 쉬운 일이 아니다. 고강도의 압박이 요구되는 일이다. 그럼에도 용기를 내 나를 거절해준 사람이 있었기에 나는 평생 내가 원하는 일을 할 수 있었다. 내 삶이 예상대로만 흘러갔다면, 순풍에 돛을 단 듯 순탄했다면 나는 아마도 한 번의 좌절로도 쉽게 무너지는 나약한 사람이 되고 말았을 것이다.

거절을 당했기에, 나는 내 일을 남의 손이나 평가에 맡기지 않고 직접 해야 했다. 이를 통해 주도적이고 적극적인 삶의 태도를 얻게 되었다. 내가 삶에서 성공한 것이 있다면, 이것이 유일하다.

커다란 용기를 내 거절한 사람들에게 감사하라. 현실을 냉철하게 볼 수 있는 기회를 준 사람들에게 감사하라.

거절은 '성장'에 아주 좋은 거름이 되어준다.

존재하게
두어라

작가인 나에 대해 사람들이 갖는 선입견은 '내가 글을 쓰느라 너무 바쁠 것이다'라는 것이다. 하지만 나는 글쓰기 때문에 절대 바쁘지 않았다. 내게 온 생각들을 종이 위에 내려놓는 시간을 확보하는 데 애를 썼을 뿐이다. 글쓰기는 '채워 넣는' 행위가 아니라 '내려놓는' 행위다. 글쓰기가 채워 넣기로 변질되는 순간, 우리는 사정없이 바빠진다. 빈 종이에 채워 넣을 문장들을 짜내느라 밤을 새우며 피폐해진다.

좋은 글을 쓰고 싶다면, 틈틈이 생각들을 머릿속 백지 위에 떨어뜨리는 연습을 해보라. 그 떨어진 것들이 어느 정도 쌓이면 자연스럽게 그것들을 가지런히 정렬할 수 있는 문장들이 생겨난다. 문장은 절대 인위적으로 만들어지는 것이 아니다.

우리의 삶도 마찬가지다.

숱한 생각들을 내려놓고 신이 그걸 들여다볼 수 있게 하라.

심장과 폐, 뼈, 순환계 등 물질적인 나를 이루는 모든 것이 그러하듯, 그저 나 자신을 '존재하게' 두는 것이다.

선언의 자세

지난 세월 내가 만난 현자들은 늘 이렇게 말했다.

"선언의 자세로 살아야 한다. 고민 끝에 뭔가를 결정할 때는 그 결정의 맨 끝에 반드시 느낌표를 넣어라."

'자, 이제 나는 이것을 현실로 만들기 위해 모든 노력을 할 거야!'

이처럼 자신의 의도와 결의의 끝에 느낌표를 넣으면, 생생해진다. 느낌표로 끝나는 문장들을 많이 갖고 있으면 열망이 이루어지는 순간을 구체적으로 경험하게 된다. 몸 안의 감각들이 싱싱해지고, 뭔가 다른 새로운 것들이 보이기 시작한다. 그리고 현자들은 이것을 '기적의 시작'이라고 부른다.

원망해도
괜찮다

원망을 먼저 해야 용서할 수 있다.

판단할 것도 탓할 사람도 없으면 용서할 것도 없기에.

카르페디엠

지금까지 지나온 모든 시간과 공간은

당신이 지금에 이르기 위해 있어야만 했던 시간과 공간이었다.

끝에서부터
생각하기

많은 것을 이룬 사람들은 끝에서부터 생각하는 법을 배운다. 자신이 의도한 바가 물질적인 형태로 나타나기 전에 미리 경험해본다는 뜻이다. 이는 강력한 효과를 발휘한다.

우리의 잠재의식은 생각에서 물질적인 현실을 드러내 보이는 힘을 갖고 있다. 세상에 존재하는 모든 사물과 상황은 '생각'을 상징한다. 지금 존재하는 모든 것은 한때 상상 속에 있던 것들이다. 이것이 곧 잠재의식의 힘이다. 따라서 당신은 놀라운 창조주인 것이다. 하지만 그 힘을 사용하려면 당신이 드러내 보이고 싶은 것을 내면에서 먼저 경험해볼 수 있어야 한다. 생각은 느낄 때

구체적인 모습을 갖게 되고 잠재의식에 새겨진다.

이를 통해 마침내 잠재의식을 장악하게 된다.

삶은 늘
취약하다

입이 아프게 강조하지만 자신을 사랑하라.

당신이 당신을 사랑하지 않으면, 아무도 당신을 사랑하지 않을 것이다. 당신이 당신을 사랑하지 않는 탓에 벌어지는 모든 일을 감당할 만큼 인생은 강하지 않다. 삶은 언제나 나약하고 취약하다.

자신을 사랑하는 것에서 출발할 때 삶은 비로소 강력해진다.

끌어당김의
법칙

당신은 당신이 원하는 것이 아니라, 당신과 똑같은 사람을 끌어당긴다.

쓸모없는 것들의
축복

아는가?

높고 깊은 숲의 무한함도 도토리 한 알의 꿈 안에 잠재한다는 것을.

도토리 한 알에서 그 울창한 푸름이 시작된다는 것을.

따라서 누구나 예측할 수 없는 경지에 오르기 위해서는 비전과 꿈, 아이디어가 필요하다. 다시 말해 상식이 아니라 헛되고 헛된, 너무나 헛되어 웃음조차 나오지 않는 상상이 필요하다.

타인을 의식할 것 없다. 눈치 볼 것도 없다.

마음껏 상상의 한계를 뛰어넘어라.

당신의 생각 중 가장 쓸모없고 턱없는 것이 당신에게 가장 놀라운 인생을 선물할 것이다.

무엇을 위해
기도하는가

당신을 위해줄 사람을 찾고 있다면 즉시 포기하라.

누구도 당신을 위해 희생하고 헌신해주지 않는다.

신 앞에 나설 때도 마찬가지다.

'당신을 위해' 기도하지 마라.

'신을 위해' 기도하지도 마라.

신은 당신을 위해서가 아니라, 당신과 함께 일한다.

신은 모든 새에게
먹이를 준다

중독적인 생각의 불균형을 극복하는 것은 근원의 힘이다. 근원의 힘이란 그 불균형을 끝내는 데 필요한 모든 것이 이미 주어져 있다는 사실을 각성하는 데서 시작하고 끝난다. 힌두교에는 고대로부터 내려오는 다음과 같은 격언이 있다.

"신은 모든 새에게 먹이를 주지만, 둥지로 던져주지는 않는다."

아직 찾지 못했지만 어딘가에 분명히 답이 존재한다는 것을 확신하는 것에서 삶의 변화는 출발하고 완성된다. 중독에서 벗어나지 못하는 이유는 그것에서 자유로워질 수 있다는 확신이 없기 때문이다.

모든 새에게 먹이를 주는 신의 뜻을 마음에 각인하면서 중독의 무게 없이 날아가라. 단언컨대 중독에서 벗어나 균형을 찾으면, 커다란 기쁨을 충만하게 느낄 수 있다.

내가 이 세상 순례길에서 만난 한 현자는 이렇게 말했다.

"중독을 사랑하라. 그것이 음식이라면 음식을 사랑하라. 그것이 담배라면 담배를 사랑하라. 그것들은 당신의 가장 큰 스승이다. 당신이 더 이상 되고 싶지 않은 모습을 직접적인 경험을 통해 생생하게 가르쳐주고 있으니까. 그것들은 모두 깊은 이유가 있어서 당신을 심오한 곳까지 데려간 것이다.

당신은 이러한 지성 체계의 일부분이다. 이 스승들에 감사하라. 중독을 싫어하고 욕하고 맞서 싸우려고 한다면 균형이 증오와 싸움 쪽으로 더 치우친다. 그러면 약한 상태에 놓이게 되므로 원하지 않는 것을 계속 추구하게 된다. 따라서 저울이 사랑 쪽으로 기울어지게 하라. 많은 가르침을 준 중독에 감사하라. 소리 없는 축복을 보내라. 그러면 당신 그 자체인 사랑으로 옮겨갈 수 있다."

몸은
내가 사는 집

종종 사람들은 내게 이렇게 말하곤 한다.

"너무 지나치게 건강에 신경 쓰는 거 아니에요?"

나도 안다, 내가 건강에 매우 집착한다는 것을. 하지만 나는 또 안다, 건강한 몸이 없으면 '내'가 살 곳이 없어진다는 것을.

몸은 내가 사는 집이다. 부지런히 쓸고 닦고 청결하고 쾌적하게 만들지 않으면, 퇴거명령서를 받아들고 만다.

지나쳐도 좋을 걱정이 있다면 곧 건강에 대해서다.

건강하지 않은 사람이 건강한 삶을 사는 기적은 지금껏 단 한 번도 나타난 적이 없다.

아무것도 아닌 곳에서 와서

우리는 아무것도 없이 아무것도 아닌 곳에서 와서 지금 이곳에 있다. 우리는 늘 '지금 이곳'을 떠나 아무것도 아닌 곳으로 가고 있다. '아무것도 아닌 곳'과 '지금 이곳'은 똑같다. 글자 수와 띄어쓰기만 달라졌을 뿐.

잡동사니

생각하라.
당신 삶의 모든 '잡동사니'는
당신을 종으로 만들기보다는

당신을 섬기기 위해서 왔다는 것을.

진짜 이유를
찾아라

내 삶에 굳게 박힌 습관을 제거하기란 쉬운 일이 아니다. 이를 위해선 제거하거나 버려야 할 이유가 강력해야 한다. 주변에서 아무리 변화의 중요성을 강조해도 스스로 타당하다고 여기지 않는다면, 오래된 습관은 온갖 핑곗거리와 함께 자기 자리를 굳게 지킨다.

하루에 한 갑 이상 담배를 수십 년 동안 피워온 한 남자가 있다. 모두가 알다시피 이런 사람이 금연을 하기란 낙타가 바늘귀를 통과하는 것보다 힘들다. 그럼에도 불구하고 그는 어느 날 갑자기, 단번에, 언제나 손가락 사이에 끼워놓았던 담배를 놓아버

렸다.

그가 금연을 한 지 한 달쯤 지나자 주변에서 수군거리기 시작했다.

"두 달을 못 갈 거야."

"오늘 저녁부터라도 다시 피울 거야. 그가 얼마나 골초인데!"

하지만 그의 금연은 3개월, 6개월, 1년을 지났고… 그렇게 10년이 흘렀다. 이제 그의 주변사람들은 그가 흡연가였는지조차 까맣게 잊은 지 오래였다.

나는 그에게 물었다.

"어떻게 담배를 그렇게 단 한 번의 결심으로 끊을 수 있었습니까?"

그가 빙그레 웃으며 답했다.

"사업이 잘돼서였어요."

"사업이요?"

"네. 피땀 흘려 노력해서 사업이 번창하게 되자 생각이 달라지더라고요. 오래 살아서 이 번창을 즐겨야겠다고. 오래 살려면 담배부터 끊어야 했죠. 생각이 그렇게 바뀌니까 쉽게 끊어지더라고요. 그전엔 '끊어야 한다'는 생각만 백 번, 천 번씩 했었는데 말이죠."

담배를 끊는 데 필요한 건 강한 의지와 결심이 아니었다. 자연스러운 동기부여였다. 따라서 우리는 이렇게 스스로에게 물어야 한다.

"나는 왜 그 습관을 끊고 싶어하는가?"

여기에 대한 답이 매우 구체적이고 뚜렷해야 한다. 단지 건강을 위해서 담배를 끊겠다는 평범한 전략으론 낡은 습관에서 절대 벗어나지 못한다.

위에서 말한 남자는 단지 오래 살고 싶어 하는 본능적 사고가 아니라, '진짜로 오래 살고 싶은 이유'를 찾아냈다. 그리고 그 이유가 좋지 않은 습관을 단번에 끊어냈다.

진정한 변화는 이런 방식으로 우리를 찾아온다.

담배를 끊고 싶은가?

금연 패치를 구하러 다닐 시간에, 담배를 끊고 싶은 진짜 이유를 찾아라.

겸손의 경지

약 2500년 전 중국의 철학자 노자老子는 인생의 네 가지 덕목에 대해 이야기했다.

첫째, 생명에 대한 경외다.
둘째, 진실성이다.
셋째, 온유함이다.
넷째, 지지知止다.

노자는 우리가 이 네 가지 덕목을 갖추면 우주의 진리를 알 수 있다고 설파했다. 이 네 가지 덕목은 모두 '겸손'을 바라보고 있다.

겸손은 욕망하는 자신을 억누르고 있는 '극기克己'의 상태가 전혀 아니다. 노자가 말한 바와 같이 경외와 진실함, 부드러운 평화를 유지하고, 만족을 아는 것이다.

겸손은 드러내고 싶은데, 더 큰 걸 얻기 위해 웅크리고 있는 척하는 것이 아니다. 그건 비굴과 협잡이다.

주변에서 가장 겸손한 사람을 떠올려보라.

뭔가를 애써 참아내고 있는 인내자의 얼굴이 아님을 알게 될 것이다. 참아낼 것이 없어 즐거운 사람의 얼굴을 하고 있을 것이다.

씨앗 하나의
우주

(

사과 씨가 몇 개인지는 쉽게 계산할 수 있다. 하지만 씨앗 하나
에 사과가 몇 개나 들어있는지 계산할 수 있는 사람이 있는가?

예외는 없다

우리는 모두 주름 가득한 작은 몸으로 와서
주름 가득한 큰 몸으로 떠난다.

선한 영향력

당신 몸의 70퍼센트가 물이라는 것을 생각해보자.

당신은 물이다. 물은 당신이다. 우리가 당연시하는 이 액체 에너지의 신비로운 성질에 대해 생각해보자.

흐름이 없으면 물은 고인다. 흐름이 허락되면 순도가 유지된다. 물은 다른 것들보다 높은 장소를 찾으려 하지 않으며, 가장 낮은 장소에도 기꺼이 정착한다. 개울, 호수, 강으로 합쳐지며 바다로 나아간다. 그런 다음 증발되어 빗방울로 다시 떨어진다.

물은 무엇도 계획하지 않으며 편애하지 않는다. 동물과 식물에게 자양분을 공급해주려고 의도하지도 않는다. 들판에 물을 대주거나 우리의 목마름을 해소하거나 수영, 항해, 스키, 스쿠버 다이빙을 하게 해주려고 계획하지도 않는다.

그저 물은 자신이 할 일을 하고 있는 그대로 존재할 뿐이다. 그렇게 존재함이 이 세계에 선한 영향을 끼치고 있을 뿐이다.

초월한다는 것

중요한 것은 당신의 형태가 아니다. 당신의 신체 나이 또한 중요하지 않다. 중요한 것은 당신이, 당신의 형태를 초월하는지다. 변화는 바로 거기에서 오기 때문이다.

이렇게 생각해보자.

당신은 이미 이 지구에서 여러 몸을 차지하고 있다. 3킬로그램 남짓한 몸으로 태어났고, 키가 1미터도 안 되는 몸속에 있었다. 마흔여섯 살인 지금의 당신 몸에는 열 살 때의 당신의 세포가 전혀 없다. 모든 것이 바뀌었다. 비록 열 살 때의 일들을 여전히 하고 있지만 당신은 더 이상 그 몸이 아니다.

당신은 그 몸 이면의 생각이다.

당신은 영혼이 있는 육신이 아니라, 육신이 있는 영혼이다.

명상의 이유

복잡한 현대 사회를 살아가면서 명상에 대한 관심이 그 어느 때보다 높다.

왜 명상을 하는가?

이는 누구나 한 번쯤 품어본 질문이다. 우리가 명상을 해야 할 이유는 많다. 스트레스를 줄일 수 있다. 평화로운 느낌을 유지할 수 있다. 피로를 없앨 수 있다. 노화를 늦추고 기억력을 개선해준다. 명료한 목적의식을 찾게 해주고 마음의 치유를 가능케 한다. 이 모든 이유가 명상 수련을 시작하는 데 강력한 동기를 부여해준다. 명상의 혜택이 가져다주는 건강하고 행복하고 목적 있는 삶을 원하지 않을 사람은 없다. 하지만 이 모든 이유는 다음의 한 가지 이유보다는 그 중요성이 현격하게 떨어진다.

명상은 신과의 의식적인 접촉을 가능케 한다.

괴로움의
형태

괴로움은 항상 형태로 나타난다.
괴로워하는 것은 당신이라는 사람이 아니라
당신이, 당신이라고 생각하는 사람이다.

언제든
할 수 있는 일

항상 1등을 할 수는 없다.

항상 상을 탈 수는 없다.

항상 성과를 낼 수는 없다.

항상 능력을 발휘할 수는 없다.

항상 결과가 좋을 수는 없다.

항상 행운이 따를 수는 없다.

하지만 스스로를 중요하고 가치 있는 사람이라고 생각하는
것은 항상 할 수 있다.

가치의
존재

값지다고 생각하면, 절대로 남용하지 않을 것이다.

5만 달러짜리 아름다운 꽃병을 당신은 결코 함부로 다루지 않을 것이다. 그것으로 던지기 놀이를 하지도 않고 바닥에 떨어뜨리지도 않을 것이다. 분명 아주 안전한 곳에 둘 것이다.

당신이라는 존재도 마찬가지다.

스스로를 값지고 소중한 사람이라고 생각하면 절대 자신을 학대하지도, 남이 학대하게 두지도 않을 것이다. 흡연, 과식, 알코올 중독 등의 행위는 당신 삶에 존재하지 않게 될 것이다.

당신 안에 가치 없는 것은 존재하지 않는다. 나아가 당신이라는 존재를 지지하기 위해 무수한 존재들이 가치를 얻는다. 당신을 위해 밤과 낮이 존재하고 숲과 물이 존재한다. 시간과 공간이 존재하고 사랑과 행복이 존재한다. 생각이 여기에 미치면, 이 세상에 존재하는 것들 중 가치가 없는 것은 하나도 없다는 깨달음에 닿게 된다. 가치가 없는 것은 없다.

다만 가치가 아직 발견되지 않았거나, 학대와 남용으로 인해 가치가 사라졌을 뿐이다.

미묘한
방문자

인생의 조언은 결국 하나로 귀결된다.

충만한 삶을 지금 살고 있는지를 살펴야 한다는 것.

우리는 우리가 충만한 삶을 살고 있는지를 어떻게 확인할 수 있는가? 간단하다. 더 나은 삶을 살아야 한다는 갈망이 남아 있는가? 더 높은 의제가 아직 남아 있다고 생각되는가? 뭔가를 놓치고 있다는 속삭임이 들리는 것 같은가?

이 질문들에 대한 답이 '예스'라면 당신은 아직 충만한 삶을 살고 있지 못한 것이다. 당신의 꿈과 일상의 습관이 미묘하게 불균형을 나타내고 있는 것이다. 이 미묘함 때문에 불균형을 인식하지 못하고 있을 뿐, 분명 당신의 삶은 균형을 이루고 있지 않다.

갈망과 더 높은 목표가 남아 있다는 느낌을 정확하게 인식할 때 균형은 시작된다. 그러니 위에서 언급한 미묘한 질문들의 존재를 늘 잊지 마라. 그것들은 당신에게 균형을 회복하라고 쿡 찌르는 미묘한 방문자들이다.

결핍을
내던져라

그동안 살면서 수면으로 올라왔던 모든 결핍의 역사를 내던
져버려야 한다. 똑같은 일이 반복되기를 바라지 않는다면 부족
한 것에 대해 생각하지 마라. 황량한 과거에 대해 이야기하지 마
라. 유년기나 성인 초기가 한없이 불우하고 부족했다고 생각하
지 마라. 대신 무한한 풍요의 가능성을 실현하기 위해 꼭 거쳐 와
야 했던 걸음이라고 생각하라.

모든 것은
에너지다

모든 것은 에너지다. 다양한 진동수를 가진 진동이다. 진동이 빠를수록 영에 가까워진다. 내가 손에 쥐고 있는 펜은 고체인 것처럼 보이지만 사실은 움직이는 입자들의 자기장이다. 그 입자들의 사이는 대부분 텅 비어 있다. 내 펜의 진동 구조가 느리기에 고형의 물체로 보이는 것이다.

나는 글을 쓰면서 찌르레기 소리를 듣는다. 물리의 법칙에 따르면 찌르레기 소리는 내 펜보다 빠른 에너지다. 창문으로 새어 들어오는 빛줄기는 그보다 더 빠른 에너지다. 작은 입자들이 빠르게 움직여 내 눈의 움직임에 따라 초록색이나 파란색, 노란색으로 보인다. 빛의 진동수 너머에는 생각의 진동 에너지가 존재한다.

신이 준 단어

위험을 감수하고 꿈을 좇으라고 촉구하는 당신 마음속의 그 목소리는 당신이 태어날 때부터 존재해왔다. 그러니 무엇이든 뜨거운 열정을 가지고 하라.

네팔의 높고 높은 산을 오르며 기진맥진했을 때 안내자가 내게 이렇게 말했다.

"신이 우리에게 준 언어들 중 가장 소중한 것은 '열정enthusiasm' 이라는 단어입니다. 열정은 문자 그대로 '내면의iasm 신entheos' 을 뜻한다는 사실을 기억하십시오."

당신이 지금 느끼고 있는 열정은 '있는 그대로의 모습에 충실하라'는 신의 손짓이다.

정오에서
오후 4시까지

새로운 영감과 생각의 전환이 필요한가?

오늘 정오에서 오후 4시 사이에 삶의 사건들을 통제하려는 시도에서 의식적으로 벗어나 보자. 산책을 나가 몸이 이끄는 대로 마음을 맡겨보자. 그저 발이 이끄는 대로 따라간다. 눈에 보이는 것을 모두 관찰한다. 들숨과 날숨의 교차, 귀 기울이지 않아도 들려오는 소리들, 바람, 구름의 모양, 습도, 기온 등 모든 것을 알아차린다. 담담하게 현재에 완전히 몰입하면서 흐름을 따라가는 느낌을 알아차린다.

이제 그 자유를 가이드로 삼는다. 교통 체증, 주변 사람들, 주가 변화, 날씨, 파도 등 세상 모든 것이 제 나름의 속도로 이루어진다는 사실을 알아차린다. 당신은 영원하고 완벽한 도道와 함께 움직일 수 있다.

지금 바로… 그 흐름이 되어라.

5분 후를
생각하라

(

카르페디엠의 의지와 그 능력은 많은 사람들을 피해 다닌다. 에피타이저를 음미할 때는 디저트에 신경 쓰지 마라. 책을 읽을 때는 자신의 생각을 살펴라. 금요일엔 월요일 걱정을 하지 마라. 휴가를 떠났으면 미처 하지 못한 일이나 집에 돌아가 할 일을 생각하지 말고 현재에 충실하라.

지금 이 순간, 이 자리에 없는 생각들로 현재를 흘려보내지 마라.

5년이 아니라 5분 후의 삶을 계획하라.

사랑은
증오보다

생각과 감정은 순수한 에너지다. 그중에는 좀 더 빠른 것도 있고 좀 더 느린 것도 있다. 더 높은 에너지가 더 낮은 에너지와 같은 장을 차지하면 낮은 에너지가 높은 에너지로 전환된다. 빛이 있는 방보다 에너지가 낮은 어두운 방이 좋은 보기다. 빛은 빛이 아닌 것보다 움직임이 빠르므로 어두운 방에 촛불을 밝히면 어둠이 사라질 뿐 아니라 놀랍게도 빛으로 전환된다.

사랑도 마찬가지다.

사랑은 증오보다 더 높고 더 빠른 에너지다.

계획과
사랑에 빠지지 마라

  목표를 이루기 위해 계획을 세우는 것이 꼭 바람직하지만은 않다. 계획은 목표로 가는 길을 명쾌하게 보여줄 수도 있지만, 그 길을 미로로 만들 수도 있다. 계획은 인생의 파트너이지, 인생의 연인이 되어서는 안 된다. 계획과 사랑에 빠지면 목표와 이별하게 될 수도 있다.

  계획이 당신의 삶보다 더 커지게 만들지 마라.

생각보다 쉬운 게
인생이지

당신도 나처럼 인생의 황혼 무렵에 도착하면 깨닫게 될 것이다.

담배를 피우지 않고 술을 마시지 않고 초콜릿을 먹지 않는 것은 생각보다 훨씬 쉬운 일이라는 것을.

다만 마음이 어렵다고, 끈질기게 당신을 설득시키고 있을 뿐이다. 금연과 금주뿐 아니다. 당신에게 닥칠 많은 일들도 마찬가지다. 도저히 극복하지 못할 것 같은 일들을 딛고 당신은 지금 이 순간까지 와 있음을 늘 명심하고 상기하라.

단언컨대 인생은 생각보다 쉽다. 쉬운 삶을 받아들이기가 무척이나 어려울 뿐이다.

비관론자에 관한
단상

나는 실패라는 단어를 싫어한다. 나는 내 아이들이 절대 무엇에 실패했다고 생각하는 일이 없기를 바랐다. 그래서 늘 이렇게 말해주었다.

"세상에 실패는 없어. 오직 피드백만 있을 뿐이지. 너희가 하는 모든 일은 결과를 낳지. 너희가 만든 그 결과를 가지고 다음에는 어떻게 하느냐가 중요할 뿐. 자신에게 실패작이라는 꼬리표를 붙이는 일로 해결되거나 더 나아질 수 있는 것들은 없단다."

우리는 이 어마어마하게 큰 세상의 머리카락 한 올만큼도 안 되는 작은 부분만을 보고 경험하고 목격하다가 세상을 떠난다.

현미경으로도 잘 보이지 않는 그토록 작은 부분을 살아가면서 어떻게 비관론자가 될 수 있겠는가?

비관론자가 되기엔 모르는 것이 너무도 많다. 우리의 삶은 그저 '배아胚芽'일 뿐이다. 배아의 상태에선 인생이란 '불가사의'라는 단어 말고는 달리 표현할 길이 없다.

무엇이든 방법이 딱 하나뿐이라고, 이것이 유일한 답이라고 주장하는 사람을 만날 때마다 이 사실을 떠올려라.

그렇다. 실패는 '착각'에 속한다.

누구도 그 무엇에도 실패하지 않는다. 당신이 하는 모든 일은 일정한 결과를 낳는다. 축구에서 헤딩하는 법을 배울 때 누군가 던져준 공을 머리에 맞추지 못했다고 해서, 이를 실패라 부를 수 있을까? 아니다. 이는 단지 그런 결과가 나타난 것뿐이다. 머리에 맞추지 못했다고 해서 괴로워하며 그만둘 것인가, 아니면 공을 다시 던져달라고 해서 결국 헤딩 기술을 익힐 것인가? 시험에서 좋은 성적을 거두지 못했다고 해서 시험을 포기할 것인가, 아니면 무엇이 틀렸는지 오답 노트를 작성해 다음에 더 좋은 결과를 만들기 위해 노력하겠는가?

실패는 판단이다. 하나의 견해에 지나지 않는다. 그것은 공포에서 나오며 사랑으로 없앨 수 있다. 자신에 대한 사랑, 자신의 행동에 대한 사랑, 타인에 대한 사랑, 자신의 세상에 대한 사랑….

사랑이 내면에 자리하면 두려움은 버틸 공간을 얻지 못한다.

고대 로마에서 내려오는 다음의 격언에 담긴 의미를 오랫동안 곱씹어보라.

"두려움이 문을 두드렸다.
사랑이 밖으로 나가보지만 아무도 없었다."

누구 때문인가

당신의 불행이 A 때문인가?

당신의 실패가 B 때문인가?

당신의 질병이 C 때문인가?

당신의 좌절이 D 때문인가?

당신 삶의 걸림돌이 E인가?

그렇다면 A, B, C, D, E가 바뀌지 않는 한 당신은 절대 행복해
질 수 없다. 결코 회복될 수도 없다. 이처럼 어리석은 일도 없다.

스스로

인생이 되어라

템포를 늦춰라.

서두르지 마라.

머리 뒤로 깍지를 끼고 누워 하늘을 바라보라.

일은 그렇게 중요하지 않다.

사는 건 그렇게 어려운 일이 아니다.

의무를 다하지 못하는 것에 죄책감을 갖지 마라.

권리를 누리는 것을 주저하지 마라.

창조적 근원과의 균형을 추구하라.

그러면 우리는

스스로 평화가 될 수 있다.

스스로 성공과 번영이 될 수 있다.

스스로 원하는 인생이 될 수 있다.

낮은 희망에
도달하지 마라

열린 마음은 탐구와 창조, 성장을 가능하게 해준다. 하지만 닫힌 마음은 창조적인 설명을 봉쇄한다. 항상 하던 대로만 하면 성장할 수 없음을 기억하자. 무한한 가능성에 마음을 열어야만 삶의 진정한 기적에 참여할 수 있다. 자신이 무엇을 만들어낼 수 있는가에 대한 낮은 기대를 거부하라.

너무 큰 희망에 다다르지 못하는 건 큰 문제가 아니다. 하지만 너무 낮은 희망에 도달하는 것은 매우 위험하다는 사실을 명심하라.

두 개의 무덤

중국 속담에 이런 게 있다.

"복수를 하려면 무덤 두 개를 파야 한다."

분노는 당신 또한 파멸에 이르게 한다.

문제의 무게를
줄여라

사람은 누구나 문제를 껴안고 살아간다. 그렇다, 문제를 해결하는 게 아니라 '껴안고' 살아간다. 문제를 해결할 수 있는 명쾌한 답은 사실 인생에 거의 없다. 이 세상을 살아가는 누구나 매일 오래된 문제들, 그리고 새로운 문제들과 마주한다.

그렇다면 어떻게 해야 할까?

껴안고 살아가는 문제들에 대해 '다른 태도'를 취할 줄 알아야 한다. 이것이 우리의 유일한 소명이다. 문제를 새로운 각도, 새로운 방식으로 바라보면서 문제를 껴안고 살아가는 삶을 성장시키고 확장해나갈 줄 알아야 한다.

쉽게 말해보자.

언제나 다른 태도를 취할 줄 아는 사람은 비가 내릴 때 다음과 같은 식으로 절대 생각하지 않는다.

"비가 오면 안 되는 거 아닌가? 지금은 1월, 한겨울이잖아? 건기인 1월 왜 말도 안 되게 비가 오는 거야? 이건 불공평해! 작년 1월에는 하루도 비가 오지 않았는데 말이지!"

당신도 혹시 이런 생각을 습관처럼 하면서 살아가고 있는가?

문제를 내려놓으려고 너무 노력하지 마라.

문제를 다른 방식으로 바라보라.

껴안고 있는 문제들이 그렇게 무겁지는 않다는 사실을 새삼 깨닫게 될 것이다.

'문제는 절대 사라지지 않는다. 다만 무게가 줄어들 뿐이다.'

이것이 성장하는 사람, 한계를 뛰어넘는 사람들이 발견해낸 인생의 참된 태도다.

즉흥이
필요하다

좀 더 즉흥적으로, 충동적으로 사는 것이 중요하다.

삶의 모든 디테일을 말끔하게 정리해놓을 필요는 없다. 내가 세상 곳곳에서 만난 현자들은 모두 이 사실을 깨닫고 곧장 짐을 싸 여행과 순례에 나선 사람들이었다.

일어날 수 있는 모든 경우의 수를 헤아려 이에 걸맞은 대비 계획을 짜느라 우리는 얼마나 많은 시간을 써왔는가? 반복해서 강조하지만, 집착으로 느껴지는 계획들은 남김없이 내다버려라. 인생의 유일한 계획이 있다면, 우리 내면의 빛을 그 어떤 안내자보다 신뢰하는 것이다.

당신 안의 빛이 당신을 가장 이로운 방향으로 이끌 것이고, 당신이 만나는 모든 사람을 비춰준다는 사실을 의심하지 마라.

그 빛을 찾아 자유롭게 즉흥적으로 떠나라.

침묵의 의미

‘Listen(경청)’이라는 단어에 들어가는 글자들을 다시 배치하면 ‘Silent(침묵)’가 된다.

어떤가?

내용물은 똑같은데 완전히 다르게 보이는 단어가 되었다.

귀 기울일 때 우리는 침묵을 느낄 수 있다. 침묵할 때는 한 차원 높은 수준으로 귀 기울일 수 있다.

몸은 하나요, 마음은 두 개인 이 단어를 잘 간직하라.

분명 좋은 삶을 살게 될 것이다.

고요한 시간을
확보하라

삶은 언제나 틈만 나면 시끄러워진다. 그럴수록 우리는 침묵과 고요에 접근할 수 있어야 한다. 조금만 다르게 생각하면 그럴 접근 기회들을 많이 얻을 수 있다.

예를 들어 나는 신호등 앞에서 대기할 때마다 명상을 한다. 차가 부드럽게 멈추고, 몸의 긴장을 푼다. 그러면 유일하게 머릿속 생각만이 움직인다. 나는 약 2분 남짓한 그 시간 동안 마음이 멈춰선 차와 부드러워진 몸과 조화를 이루게 한다. 하루 동안 붉은 신호등 앞에서 20~30회는 멈추므로 40분에서 한 시간가량의 침묵할 수 있는 시간이 만들어진다. 뒤에서 경적을 울려 그 시간이 끝났음을 알려주는 사람도 항상 있다!

충만하고 활력에 넘치는 삶을 원하는가?

기회가 있을 때마다 고요한 침묵의 시간을 확보하라. 침묵은 큰 집중과 오랜 시간을 요구하지 않는다. 그 대신 매일 수십 번씩 찾아오는 기회를 놓치지 않는 것이 중요하다.

마음이라는
연못

심경이 복잡할 때는 마음을 연못이라고 생각하면 도움이 된다.

연못의 수면은 마음에서 이루어지는 잡담과 비슷하다. 그 수면에는 방해 요소들이 있다. 폭풍, 파편, 얼음, 해빙….

연못의 수면 아래는 비교적 고요하다. 조용하고 평화롭다. 사람은 하루에 약 6만 가지의 서로 관계없는 생각을 한다고 한다. 그렇다면 우리의 마음은 바람에 일렁이는 물결로 가득한 연못과 같다. 하지만 수면의 잡담 아래에는 우리가 우주의 질서에 대해 알 수 있고 존재적 근원에 깃든 무한한 힘과 다시 이어질 수 있게 해주는 공간이 있다.

신은
어디에나 있다

'신은 어디에나 있다.'

이 사실을 오늘 하루 기억하라.

'신은 광물 안에서 잠자고 채소 안에서 쉬고 동물 안에서 걷고 인간 안에서 생각한다'는 말을 마음에 새겨라.

신을 사람이 아닌 존재로 생각하라. 씨앗을 싹트게 하고 밤하늘의 별을 움직이고 우리 안의 생각도 움직이고 풀과 우리의 손톱을 자라게 하는 존재. 이 존재는 어디에나 있다.

당신 안에도!

시련이
나를 극복했다

지금껏 적잖은 세월을 살아오면서 나는 내가 원하는 것과 정반대되는 힘든 상황을 많이 겪었다. 하지만 시간이 흐르면서, 나는 그 힘든 상황이 최선이었다고 믿게 되었다. 한때는 재앙처럼 보였지만 이제는 신성한 축복으로 보이기까지 한다.

내가 시련을 잘 극복했기 때문이 아니다.
시련이 나를 잘 견뎌냈기 때문이다.

이 두 문장의 미묘한 뉘앙스를 음미하라. 그러면 당신은 현명해질 것이다.

어떤 심각한 상황을 맞이했을 때는 즉시 "예스!"라고 말하는 것이 당신의 일이다. 예스라고 외친 다음 관찰자가 되어 새로운 방식으로 살펴보고 모든 것에 감사하라.

나는 길에서 동전을 주울 때마다 신이 내 삶으로 보내준 풍요의 상징이라고 굳게 생각한다. 그러면 감사한 마음이 절로 든다.

"겨우 동전 한 닢인가요?"라고 절대 말하지 않는다. 대신 "신이여, 감사합니다. 모든 것에!"라고 말한다.

당신도 꾸준히 감사를 표현해보라. 감사하는 마음만큼 강력한 무기가 없다는 걸 생생하게 깨닫는 날이 반드시 올 것이다.

도전이란

멕시코 칸쿤의 해변에서 돌고래들과 수영을 한 놀라운 경험이 있다. 상상조차 해보지 못한 일이었다. 하지만 더 놀라웠던 것은 '돌고래들과의 수영'이 내 버킷리스트에 있었다는 걸 알았을 때다. 그 멋진 경험이 있기 십수 년 전에 썼던 일기장에서 나는 그것을 확인했다. 그 오래된 일기장 한구석에는 이렇게 적혀있었다.

'한 번도 해본 적 없는 일을 해볼 것… 돌고래와 수영하기….'

자, 당신도 절대 늦지 않았다.

한 번도 해본 적 없는 일들의 목록을 작성하라. 생각지도 못한 삶이 당신 앞에 그 모습을 드러내기 위해 서서히 기지개를 켤 것이다.

한 번도 해본 적 없는 일을 마음에 품는 순간, 당신은 완전히 새로운 존재 방식으로 옮겨가게 될 것이다.

동시성의 힘

동시성을 믿어라.

생각하고 있던 사람에게 갑자기 전화가 올 것이다.

지금 당신의 상황과 가장 잘 어울리는 책이 우편으로 도착할 것이다.

절실하게 필요한 돈이 불가사의하게 마련될 것이다.

그래도 절대 놀라지 마라.

삶을 노크하는
생각

어떤 한 생각이 사라지지 않고 계속 떠오르는 이유는
당신에게 이렇게 말하기 위함이다.

"너는 너 자신의 탁월함을 드러내기 위해 태어난 사람이야.
그런데 왜 계속 모르는 척하는 거야!"

빠르게
움직여라

빛을 찾으려면 당연히 어둠에서 벗어나야 한다. 칠흑 같은 어둠에 빠져있으면 빛을 찾아내는 경험 자체가 완전히 불가능해진다. 여기서 빛과 어둠을 풍요와 결핍을 바꿔보자. 똑같은 논리가 적용된다. 결핍을 치밀하게 분석하느라 거기에 빠져있으면 풍요를 찾아낼 재간이 없다. 풍요를 바라면서도 삶이 풍요롭지 못한 이유가 여기에 있다. 사람은 누구나 변화를 원하지만, 사람은 대부분 잘 바뀌지 않는 이유가 여기에 있다.

우리는 매우 부지런하게 움직이지만, 쉽게 고치려 하지 않는다. 여간해서는 옮겨가지 않으려고 한다. 한 곳에 정착해 오랫동안 그곳에서 존재하고자 하는 것은 인간의 본능과도 같다.

따라서 빠르게 움직일 줄 아는 사람이 삶에서 좋은 기회를 가질 확률이 높다. 빛이 어둠을 뚫고 내려와주길 기다리지 마라. 어둠에서 빠르게 벗어나면 빛은 자연스럽게 찾아진다.

왼쪽 뇌에만
집중하면

왼쪽 뇌에만 귀를 기울이는 삶은 권태롭다. 매일 아침 똑같은 시간에 일어나 인파를 헤치고 생계를 꾸려나가게 해주는 일을 하는 데 평생을 보내는 삶. 그러는 동안 내면의 음악은 거의 들리지 않을 정도로 희미해진다. 하지만 당신 안의 보이지 않는 동행은 여전히 그 음악을 듣고 당신의 어깨를 톡톡 친다. 하지만 당신은 위암에 걸리고 나서야 주변을 둘러보고, 집에 불이 난 후에야 끔찍한 반복을 멈출지도 모른다. 어느 날 갑자기 겨우겨우 다니던 직장에서 해고를 당하거나 버스가 급정거하는 바람에 바닥에 무릎을 꿇고 나서야 비로소 당신의 삶을 찾아 나설지 모른다.

아주 다행히도(?) 당신의 그 반복은 어떤 저항에도 부딪치지 않은 채 삶의 마지막 날까지 이어질지도 모른다. 작가 톨스토이 소설의 주인공 이반 일리치처럼 죽음을 코앞에 두고서야 "내 평생이 잘못되었다면?"이라고 생각할지도 모른다.

참으로 악몽과도 같은 두려운 장면이 아닐 수 없다.

물러나기

시끄럽고 호전적이고 독선적인 사람들로부터 조용히 물러나라.

그들에게 조용한 축복을 보낸 후 조용히 당신의 길을 가라.

진가를 알아보라

항상 무엇인가를 만나게 되면, 무엇인가를 발견하게 되면 그것들의 진가를 알아보기 위해 노력하라. 이를 습관으로 만들어라. 삶이 한결 싱싱해질 것이다.

별이 빛나는 아름다운 밤하늘이나 연꽃에 앉은 청개구리, 아이의 웃음, 오래된 것의 자연스러운 광채와 탁월함 등등 당신이 그 진가를 알아차릴 때마다 삶은 그만큼 아름다워질 것이다.

사람을 만났을 때도 그렇게 하라.

귀인을 만나려고 애쓰지 마라.

상대를 귀인으로 만들어라.

틈에 관한
고찰

당신이 사랑하는 음악을 만드는 것은 음들 사이의 공간이다.
그 공간이 없으면 하나의 연속적인 시끄러운 음이 있을 뿐이다.
창조된 모든 것은 침묵에서 나온다. 당신의 생각은 침묵의 무에
서 나타난다. 그 빈 공간에서 말이 나온다. 당신의 본질도 텅 빈
공간에서 나왔다. 우리를 대체할 사람들도 거대한 빈 공간에서
기다리고 있다. 모든 창조성에는 고요가 필요하다. 내면의 평화
를 느끼려면 삶의 에너지를 침묵으로 보내 배터리를 충전하고
긴장과 불안을 없애고 신을 아는 기쁨을 숙지하고 모든 인류에
더욱 가까움을 느껴야만 한다. 침묵은 피로를 줄여 창조적인 힘
을 경험하게 해준다.

호랑이를 잡아두는 것은 쇠창살 사이의 거리라는 말이 있다. 음 사이의 침묵이 음악을 만든다. 마찬가지로 침묵, 틈, 생각 사이의 공간에서 모든 것이 만들어진다.

행복마저도.

순응과
용기

(

용기의 반대말은 두려움이 아니라 순응이다. 순응은 나쁜가?
그렇다. 순응은 흐름에 나를 맡기는 것과는 다르다. 순응은 '무
력화'의 결과다. 비겁하고 겁 많은 사람은 순응을, 용기가 있는
사람은 흐름을 선택한다.

인생의
가장 큰 선물

당신이 받은 가장 큰 선물은 상상력이다. 당신 내면의 영역에는 모든 소망을 이룰 수 있는 힘이 자리한다. 상상에는 당신이 평생 다 알 수 없는 커다란 힘이 들어 있다. 원하는 삶을 만들 수 있는 영역이다. 당신이 군주가 되어 원하는 대로 자신의 세계를 다스릴 수 있다는 것이 가장 큰 장점이다.

나만의 음악을
연주하라

오른쪽 뇌를 따라 감정에 귀 기울이고 나만의 고유한 음악을 연주하라. 더 이상 그 무엇도 그 누구도 두려워하지 않아도 되고 죽기 직전에 누워 "내 인생 전체가 잘못되었다면?"이라는 끔찍한 생각을 할 일도 절대 없을 것이다. 당신이 삶의 목적에서 멀어질 때마다 보이지 않는 동반자가 오른쪽 어깨를 쿡 찌를 것이다. 귀 기울여라.

그 음악이 아직 가슴에 남은 채로 죽지 마라.

옮긴이 **정지현**

스무 살 때 남동생의 부탁으로 두툼한 신시사이저 사용설명서를 번역해준 것을 계기로 번역의 매력과 재미에 빠졌다. 대학 졸업 후 출판번역 에이전시 베네트랜스 전속 번역가로 활동 중이며 현재 미국에 거주하고 있다. 옮긴 책으로는 베스트셀러 《Q&A a DAY》 시리즈, 《타이탄의 도구들》을 비롯하여 《디 아너즈》《행복이란 무엇인가》《인생학교 일》《그해, 여름 손님》 등이 있다.

우리는 모두 죽는다는 것을 기억하라

1판 1쇄 발행 2019년 11월 18일
2판 10쇄 발행 2024년 9월 13일

지은이 웨인 다이어
옮긴이 정지현
발행인 오영진 김진갑
발행처 토네이도

기획편집 박수진 박민희 박은화 유인경
디자인팀 안윤민 김현주 강재준
마케팅 박시현 박준서 김수연
경영지원 이혜선

출판등록 2006년 1월 11일 제313-2006-15호
주소 서울시 마포구 월드컵북로5가길 12 서교빌딩 2층
원고 투고 및 독자 문의 midnightbookstore@naver.com
전화 02-332-3310 팩스 02-332-7741
블로그 blog.naver.com/midnightbookstore
페이스북 www.facebook.com/tornadobook

ISBN 979-11-5851-158-6 03190